小論文これだけ!
超基礎編

樋口裕一

東洋経済新報社

はじめに――いちばん最初に読んでほしい小論文「超」入門書

小論文が大学や短大の入試科目に取り入れられてから、かなりの時間がたちます。ところが、まだ小論文を苦手にしている人が多いようです。そのために、志望校を諦めたり、小論文が入試科目にない学校を探す人もいますが、それはとてももったいないことです。小論文さえ得意にしておけば、志望の範囲が広がり、しかも、大学に進学してからも、社会に出てからも、文章を得意にすることができるからです。

本書は、そんな人でも、すぐに合格レベルの小論文を書けるように編んだものです。小論文を書くには、まず、小論文の書き方を知らなければなりません。多くの人が小論文と作文をごっちゃにしていますので、小論文はどんな構成で、どう書くのかを知ることが、優れた小論文を書く第一歩です。

そこで、第1部「書き方」編では、これだけ理解しておけば合格レベルの小論文が書ける、という基本を解説します。繰り返し読んで、書き方を十分にマスターしてください。

しかし、それだけでは、鋭い小論文を書けるようにはなりません。

優れた小論文を書くには、社会や人間に対する知識が必要です。知識があってこそ、背景にある問題点を理解できます。知識がないと、課題文を読みこなすこともできません。たとえ表面を理解できても、背景にあるものを読み取れないでしょう。

もちろん、時間が十分にあれば、毎日、新聞を隅々まで読み、社会について論じた本をたくさん読むのが好ましいでしょう。しかし、受験生にはそのような時間がありません。

そこで、第2部「書くネタ」編では、小論文試験に出題されそうな課題を示し、その解説をしながら、それらの問題についての基礎知識を解説します。これを読めば、小論文受験に必要な知識を身につけることができます。同時に、これから新聞を読んだりニュースを見たりするのに必要な知識を増やすことにも役立つはずです。

ここで解説しているのは基本的なことばかりなので、志望する学部・学科に近い項目はもちろん、それ以外のすべての項目も、しっかりと頭に入れるように心がけてください。

そのうえで、さらにネタを仕入れたい人は、ぜひ『小論文これだけ!』もあわせて読んでください。ネタの宝庫ともいえる「必読書」31冊のエッセンスを、読まなくても身につけられるように解説しています。知識をさらに増やすには、格好の1冊になるはずです。

本書を出発点にして、優れた小論文を書けるようになり、同時に、奥深い思索の楽しみを知ってくれることを祈っています。

もくじ

第2部

「書くネタ」編
いちばんやさしい基礎知識の解説

協力　大原理志
　　　柚木利志
　　　山口雅敏
DTP　アイランドコレクション
装丁　テンフォーティー／豊島昭市

第1部

「書き方」編

いちばんわかりやすい 小論文の書き方

1　小論文のキホンのキ

Q1 私はこれまで作文は書いたことがありますが、小論文を書いたことがありません。小論文と作文は違うものなのですか？

小論文と作文は、まったく違うものと考えてください。

作文というのは、自分が「体験」したことや「感想」を書いて、読む人にも同じような気持ちにさせたり、そのときの様子をありありと見えるよう感じさせようとする文章です。それに対して、小論文というのは、社会で起こっている出来事などについて「意見」を書いて、それが正しいことをしっかりと説明する文章です。

いま世の中で、環境破壊、グローバル化、格差拡大、敬語の乱れなど、さまざまなことが起こっています。また、政治の世界に芸能人がたくさん参加するようになっています。

電車の中でお化粧をする人も増えています。そのようなことは、よいことなのか悪いことなのか、なぜそんなことが起こっているのか、それを改善するにはどうすればいいのか、といった「意見」を書くのが小論文です。

作文と小論文のそれぞれの例を示しましょう。小論文と作文の違いがわかると思います。

作文の例

「おいおい、あれ見てみろよ」

電車の中でのことだ。私がぼんやりと外を見ていると、一緒にいた友人が隣の車両を指差した。見ると、すさまじい光景が目に飛び込んできた。

若い女性の三人組がいた。三人とも電車の中で化粧をしていた。一人は普通に座席に座って化粧をしていたが、驚いたのはほかの二人だ。そのうちの一人は、座席に大きな鏡を置き、自分は床に座り込んで化粧をしていた。もう一人は、ドアのそばに立って、わき毛の処理をしていた。そのうち、今度はつまようじの大きいものを使い、歯の掃除を始めた。周囲の人は驚いた様子で三人を見ていた。

書き方

作文の例

私はこれまで、これほどの光景を見たことがなかった。これまで見たのはせいぜい、いろいろな道具を使って一人の女性が化粧を仕上げるところだった。ところが、その日は三人がそろいもそろって驚くような化粧をしているのだ。

「世も末だな」と、友人がぼそっとつぶやいた。私も大いに賛成した。

小論文の例

いまでは若者だけでなく、少し高い年齢の女性まで、電車の中で化粧をしている。マナー違反といった意見があるようだが、このような行為は好ましいことなのだろうか。

確かに、電車の中で化粧をすることは、現代人が自由に行動できるようになったあらわれと言えるだろう。かつての日本人は、他人の目を気にして自分のしたいことを我慢しなくてはならなかった。その意味で、この行動にはプラスの面もあると言えよう。しかし、だからといって、この行動を肯定することはできない。

電車の中は公的な場である。公的な場では、周囲の人々を自分と同等の人間として認め、お互いに他人の権利を尊重するのが民主主義社会の原則である。ところが、公的な場で化粧をすると、他人の権利を侵害することになる。化粧は本来、他人にきれいな顔を見せるために、私的な場でこっそりする行為である。それを人前ですると、多くの人が不愉快に感じ、公的な場が成り立たなくなる。これからの社会では、多くの人が公的な意識をもって社会をよくしようという意識が必要である。私的な行為を優先していたのでは、社会は成り立たなくなるのである。

以上述べたとおり、電車の中での化粧は、周囲の人の権利を否定し、公的な場を破壊するものである。これを肯定することはできないと私は考える。


小論文と作文の違いはこれまで説明したとおりですが、試験科目としての「小論文」や「論作文」と呼ばれるものには、学校によって違いがありますので、注意してください。「小論文」という受験科目になっていても、「私の将来」などの作文が求められることもあります。短大などにそのような傾向が強いようです。

前もって過去問を調べて、小論文と作文のどちらが出題されているのかを確認しておく必要があります。なお、本書では、本来の意味での小論文を取り上げています。

Q2 小論文と作文の違いはなんとなくわかりました。しかし、まだ自分が書けるようになる気がしません。もう少しはっきりとした小論文と作文の違いはないのですか？

「小論文」というのは、字に示されるとおり、「小さな・論じる・文章」のことです。「論じる」または「論ずる」を辞書で引くと、「物事の是非をただす」という意味が出てきます。これを誰にでもわかるように言い換えると、「イエスかノーかをはっきりさせる」ということです。つまり、論文というのは、「イエス・ノーをはっきりさせる」文章のことです。「小さな」というのは、「ひとつの」と考えていいでしょう。

つまり、**小論文は「ひとつの・イエスかノーかをはっきりさせる・文章」**なのです。

たとえば、「ボランティア」という題が出されるとします。

ボランティア活動の具体的な出来事、それについて感じたことなどを書くと、作文です。「ボランティア活動をもっと盛んにするべきか」「ボランティア活動に対して、お金を払っていいのか」「学校でボランティアを義務にしてよいのか」などについて考え、その理由を示すのが小論文です。

実際の小論文試験では、課題文がついて、それについて論じることが求められることがあります。それも同じことです。課題文はほとんどの場合、何かを主張したり指摘したりしていますので、その主張が正しいか、それが指摘していることはよいことなのかを考えればいいのです。

逆に言えば、イエス・ノーを問う形にして、それに理由を示せば、小論文になるのです。こう考えれば、小論文とは何かが、わかりやすくなるのではないでしょうか。

Q3 小論文を書くための何か特別なコツはありますか？

小論文を上手に書くコツがあります。**最も大事なコツは「型」を守ること**です。

小論文とは、論理的に書くものです。「論理的に書く」といわれても、わかりにくいかもしれませんが、「論理の手順に従って書く」と考えればわかりやすいでしょう。そして、「手順に従って書く」ために、最も近道なのは、「型」を守ることなのです。**「型」を守っ**

て書けば、自動的に論理的な文章になります。

課題によっては、「型」どおりに書きにくいこともありますが、「型」を守ることが、論理的に書くことの基礎ですので、まずはこれを書けるようにマスターしてください。

私が「小論文の型」と呼んでいるのは、以下のような四部構成の書き方のことです。

第一部　問題提起

設問の問題点を整理して、これから述べようとする内容に主題を導いていく部分。全体の10パーセント前後です。

「いじめ」のような課題の場合、ここで「いじめをなくせるか」などのイエス・ノーを尋ねる問題に転換します。課題文のある問題の場合には、ここで課題文のメインテーマを説明して、「課題文の筆者は……と主張しているが、それは正しいか」などの形にします。

第二部　意見提示

イエス・ノーのどちらの立場をとるかをはっきりさせて、事柄の状況を正しく把握します。全体の30～40パーセント前後が普通です。

「確かに……。しかし……」という書き出しで始めると書きやすいでしょう。

たとえば、課題文にノーで答える場合、「確かに、課題文の言い分もわかる。たとえば、こんなことがある。しかし、私は、それには反対だ」というパターンにします。

そうすることで、視野の広さをアピールすると同時に、字数稼ぎができます。

第三部　展開

ここが小論文のクライマックス。全体の40～50パーセントほどを占めます。

第二部（意見提示）で書いたことをもっと掘り下げて、背景、原因、歴史的経過、結果、背後にある思想などを深く掘り下げて書くのが、最も望ましい展開です。

第四部　結論

もう一度全体を整理し、イエスかノーかをはっきり述べる部分。

努力目標や余韻をもたせるような締めの文などは不要。イエスかノーか、もう一度的確にまとめるだけで十分です。全体の10パーセント以下とします。

これが樋口式・四部構成

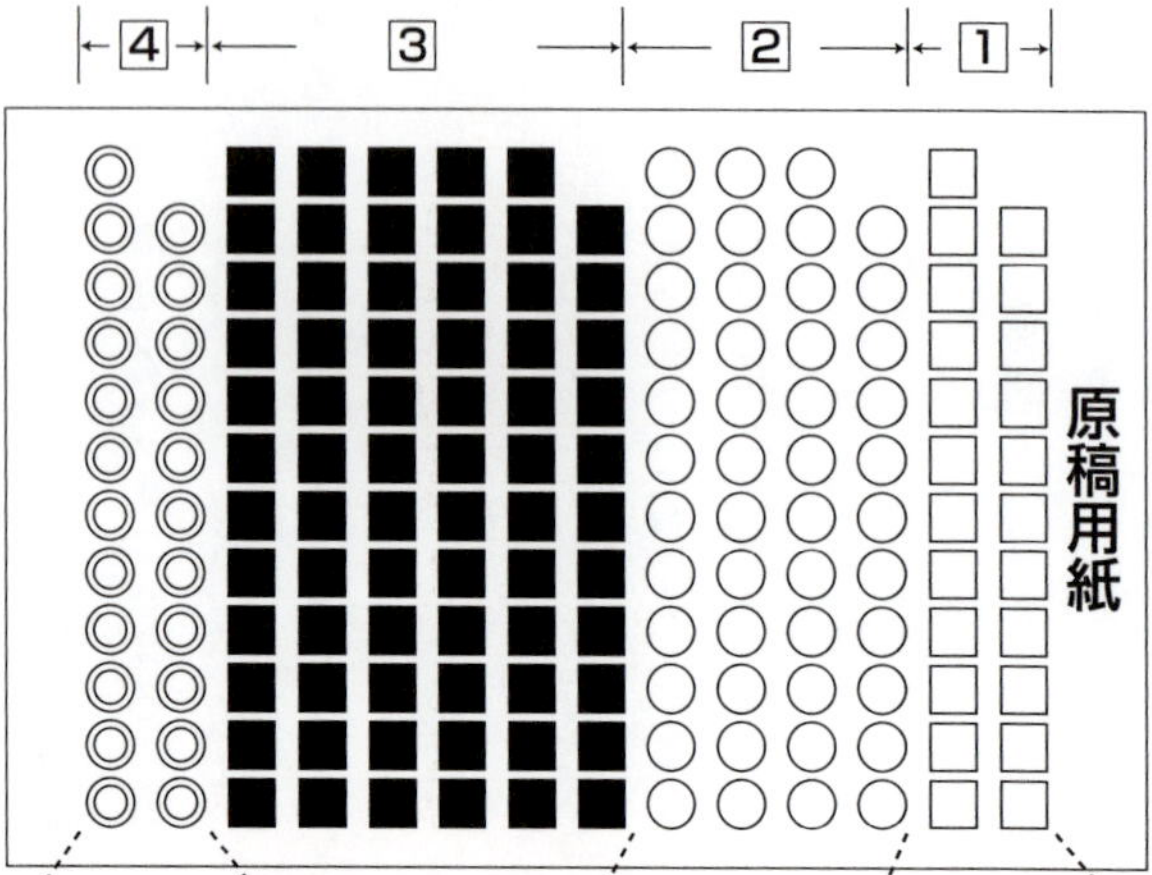

	問題提起 10%前後	意見提示 30〜40%	展開 40〜50%	結論 10%以下
基本形・書き出し例	「……だろうか。」	「確かに、……。しかし、……。」	「なぜなら、……。」「その背景には……。」「そもそも○○とは、……。」	「以上より、……。」「したがって、……。」

先ほど小論文の例としてあげた文章を読み直してみてください。「型」どおりに書かれていることが確認できるはずです。

Q4 小論文にはどんな問題が出るのですか？　それに対して、どのような準備をすればいいのですか？

内容的には、社会問題が出題されることが多いのですが、学部・学科によって特有の問題が出ることが少なくありません。

たとえば、医療系でしたら、医療の理念や先端医療のあり方などが出題されます。経済系でしたら、日本や世界の経済がかかえる問題などが出題されます。そうした問題に対応するには、知識を蓄えておく必要があります。

とはいえ、それほど難しい問題が出るわけではありません。その学部・学科を志望するなら、当然知っておくべきことです。**本書の第2部「書くネタ」編に必要な知識をまとめていますので、読むだけで合格に必要な力を養えるはず**です。

また、出題形式には、次のようなものがあります。形式によって書き方が異なりますので、それぞれの対応を学んでおきましょう。

◉タイトルだけが与えられるもの

「電車の中の化粧について」「環境破壊」「グローバル化」など。

◉課題文のつく問題

文章を読んで、それについて論じる問題です。文章をしっかりと読み取ったうえで論じることが求められます。

◉グラフや表のつく問題

グラフや表が与えられ、それについて論じる問題です。グラフや表のほかに、文章が含まれることもあります。グラフや表を読みとく力、そこに示されている社会状況を理解する力を見ようとしています。

◉絵や漫画のつく問題

芸術系などで、絵や写真や漫画などが示され、それについて論じる問題が出ることがあります。そこにあるメッセージを読み取ることが求められます。

◉多数の設問のつく問題

問1、問2など、いくつかの設問があって、要約問題や説明問題などがつく問題です。最後の設問が、小論文形式の意見を問う問題であることが多いようです。読解力や知識、論理的に説明する力を見る問題です。

Q5

どんな答案によい点がつくのですか？　どのように採点されているのでしょうか？

まずは、しっかりした字で原稿用紙の書き方も守り、誤字や脱字もなく、小論文にふさわしい文章語を用いて論理的にきちんとした文章を書けているかが重視されます。誤字だらけで原稿用紙の使い方も間違いだらけ、会話するような言葉を用いていては、まったく評価されません。

第二に、内容的にも、課題を理解していなかったり、社会的な視野をもたずに背景などを考えないまま断定していたりすると、低い点しか与えられません。問題点を理解して、論理的に自分の考えを示している文章が高く評価されます。

ただし、小論文は客観テストではありませんので、読む人の考え方によって点数に差がつくことがあります。そのため、多くの学校で、客観的に評価できる人が採点者になり、しかも複数の教員が小論文を採点して、もし教員間で点数のばらつきが出たら、話し合いをするようなシステムができています。

Q6 小論文は難しそうですが、これから短期間で書けるようになるでしょうか？

「作文よりも小論文のほうが難しい」と思われがちですが、そんなことはありません。

上手な作文を書くには、ボキャブラリーが豊かで、上手に話を盛り上げるテクニックがなければいけません。上手に書くには、かなりの練習とこれまでの読書量が必要でしょう。

しかし、小論文は、そんなことはありません。誰でもすぐに書き方をマスターすることができます。問われていることについての知識が必要ですが、それさえあれば、**ちょっとした訓練で誰でも小論文は書けるようになる**のです。

まずは本書の第1部「書き方」編を読んで、小論文の書き方をマスターしてください。先ほど説明した「型」を何度か練習すれば身につきます。

あとは、知識を増やすことです。

そのためには、まず本書の第2部「書くネタ」編を読んで、大まかな知識をつけてください。これを読めば、現在、世の中でどんなことが問題になっているのか、志望している学部・学科で、どんな知識が求められているのかわかるはずです。

そして、できれば本書を読んだあとも、新聞を毎日読むことをすすめます。

必ず読んでほしいのは、新聞の投書欄です。読者の意見を短くまとめています。この部分を読んだだけで、世の中でどんなことが起こっているかがわかります。さまざまな考えもわかります。また、投書の中には「小論文」の手本になるものもあります。しかも、文章の読み取りの練習にもなります。

投書欄のほかには、自分の志望学科と関係のある記事を読む癖をつけるといいでしょう。経済系をめざしている人は経済面、教育系をめざしている人は教育面です。なかには難しい記事もあるかもしれませんが、できるだけ楽しく読むようにしてください。それを続けるうち、社会的な考えが身について、高度な小論文が書けるようになります。

ただし、小論文の場合、なかなか自分では欠点がわかりません。ですから、信頼できる人に添削指導を受けることが大事です。そうすることで、自分の欠点を理解し、論の深め方なども理解できるのです。

2　小論文の8つの大原則——実際に書く前に

小論文は、手紙や作文と異なり、書き方のルールがあります。まず、小論文らしい文章の書き方について説明しましょう。

ひとことで言えば、**小論文は文章体で書くのが原則**です。流行語を使ったり、方言を使ったり、俗語を使ったりするべきではありません。文章を書くときの言葉を使います。いちばん手本になるのは、新聞の文体です。新聞は、文章体で書かれています。段落の変え方、句読点の打ち方、送り仮名のつけ方なども、新聞にならうといいでしょう。

◉大原則1　小論文は「だ・である」調にする

「だ・である」調（常体）で書くのが原則です。「です・ます」調（敬体）は友人や先生などはっきり知っている人に向かって語るときの書き方で、小論文には使いません。

間違いやすい表現

「電車の中**なんか**で化粧**とか**を**してる**人」

⬇

「電車の中**など**で化粧を**している**人」

「化粧が悪いことはわかっている人が多い。**けど**、そうしてしまうのである。」

⬇

「化粧が悪いことはわかっている人が多い。**だが**、そうしてしまうのである。」

「電車の中は公共の場である。**なので**、電車の中で化粧をするべきではない。」

⬇

「電車の中は公共の場である。**それゆえに**、電車の中で化粧をするべきではない。」（**ゆえに**、**だから**なども）

「電車の中で化粧を**しないべきだ**。」

⬇

「電車の中で化粧を**するべきではない**。」（「ないべき」とは、普通言わない）

◉大原則2　一文を短く

難しい言葉を使うのではなく、わかりやすい言葉で書くのが原則です。そのためには、一文を短くすることが大事です。一文が長いと、わかりにくくなってしまいます。一文を60字以下にして、主語・述語を意識しながら書くように心がけましょう。

◉大原則3　話し言葉で書かない

話し言葉を使ってはいけません。とくに流行語・略語・俗語などは避ける必要があります。はじめのうちは意識して書いていても、ついついそのような言葉を使ってしまうことがありますから、注意しましょう。

◉大原則4　自分のことは「私」と呼ぶ

自分のことは、男女を問わず、「私」と呼ぶのが原則です。「僕」「おれ」を使うべきではありません。また、「自分」という主語も用いるべきではありません。

◉大原則5　弁解しない

「私にはこんな難しいことはわからないが」「これまで、このようなことは一度も考えたことがないが」というような弁解を書いてはいけません。また、「何が言いたいかわからなくなってしまったが」「まとまりのない文章になってしまったが」などとも書くべきではありません。自分の意見に自信がなくても、はっきりと意見を書くのがルールです。

◉大原則6　会話は使わない

作文は会話文を使っていきいきと書いてもいいのですが、小論文はしっかりとまとめて書く文章なので、会話を原則として使いません。有名人の言葉などを引用するような場合も、小説などのように行がえをする必要はありません。

◉大原則7　原稿用紙の正しい使い方を守る

原稿用紙にも書き方の決まりがあります。あまり知られていない決まりもありますので、注意が必要です。

原稿用紙の使い方

①必ず楷書（学校で習った文字）で書く。くずし字や略字を書いてはいけない。

②書き出しと段落のはじめは、必ずひとマスあける。

③ひとマスに原則として1字を埋める。句読点（マル・テン）やカッコなどもひとマス分をとる。

④行の最初に句読点や閉じカッコをつけない。これらが行の最初に来るときは、前の行のマス目の下（マスの中）に加える。この規則を知らない人が多いので、とくに注意。

⑤数字は縦書きのときは、漢数字を使うのが原則。横書きの場合も普通は漢数字を用いるが、数量をいうときには算用数字でいい。また、横書きの場合、数字とアルファベットはひとマスに2字入れるのが普通。

◉大原則8　制限字数を絶対に守る

制限字数は絶対に守らなくてはいけません。「〇〇字以内」とあれば、必ず字数以内に書きます。

できれば、制限字数の90パーセント以上、つまり、「800字以内」のときには、720字以上を書くべきですが、80パーセントを越していれば、点数はつくでしょう。半分以下しか書いていない場合は、0点にされることがほとんどです。

また、「〇〇字以内」とされているのに、その字数を越した場合は、たとえ1字だけであっても、0点にされます。「〇〇字程度」という場合には、プラス・マイナス10パーセントが望ましいですが、20パーセント程度は許されます。

もちろん「〇〇字」という場合、特殊な場合を除いて、句読点やカッコ、あるいは段落変えによって生じた空白も字数に加えます。

3 課題文のつかない問題の書き方

課題文のつかない基本的な問題は、実際には入試問題にはそれほど出題されません。しかし、基礎的な問題をマスターしてこそ、実践的な問題も書けるようになります。

例題

スポーツ選手や芸能人が選挙に出て、政治家になることがあります。このような政治家は「タレント政治家」と呼ばれますが、このようなタレント政治家が増えていることについて、あなたはどう考えますか。（600字程度で意見をまとめなさい）

STEP1 時間配分する

小論文を書く場合、前もって時間配分をしておく必要があります。

試験時間が60分で、６００字程度の小論文を書く場合には、はじめの20分でメモをとり、30分で清書、残りの10分で見直しをするのが理想です。

試験時間が90分で、８００字程度の小論文を書く場合は、はじめの30分でメモをとり、40分で清書、残りの20分で見直しをします。これらを参考にして、自分なりの時間配分をつくっておきましょう。

なお、実際の試験では、下書きをする余裕はありませんので、**ふだんから下書きをしないで書く練習をしておく**必要があります。

STEP2　アイデアメモをとる

問題を見てすぐに書きはじめると、浅い意見になってしまったり、途中で何を書いているかわからなくなったりします。きちんとメモをとってから書きはじめるほうが、結局は早く書き終わり、内容も深くなります。

◉アイデアメモのポイント1　問題提起を考える

小論文の基本は、ある問題にイエスかノーかを考えるものですから、しっかりとした問題提起をしてこそ、優れた小論文になります。「〇〇について」という課題の場合、それについて知っていることを書いても、論にはなりません。たんに「説明」になってしまいます。「〇〇をもっと増やすべきか」「〇〇は正しいか」という問題提起が必要なのです。

問題提起をつくる場合、次の3つの原則を考えてください。

①賛成と反対の両方の意見のあるもの

問題提起をつくるとき、まず考えなければならないのは、賛成と反対の両方の意見のある問題でなければならないということです。

「タレント政治家について」という問題を出されて、「タレント政治家が増えているか」について考えても、「増えている」という事実を説明したり、調査をしてその結果を書くだけになってしまいます。それでは論じることになりません。「タレント政治家が増えているのはよいことか」というような問題提起にすると、両方の意見が出ることになります。

②価値観を問うもの

小論文は、基本的に価値観について考えるためのものです。先ほども説明したとおり、「○○している人は増えているか」「現在、どうなっているか」「これからどうなるか」などについて問題提起しても、短い時間で書きようがありません。

決められた時間内に試験場で書く小論文の場合、よいか悪いか、そうするべきか、そうでないのかといった価値観にかかわる問題提起にする必要があります。

③暴論・極論・狭い論でないもの

「タレント政治家を辞めさせるべきか」「タレント政治家を禁止するべきか」などの問題提起も好ましくありません。辞めさせたり禁止したりできる人など、日本には存在しないので、それを論じる意味がありません。

また、「タレント政治家の○○は、政治家にふさわしいか」「タレント政治家の○○の行動はよかったのか」というような、タレント政治家という問題そのものとは別の問題を取り上げるべきではありません。

◉アイデアメモのポイント2　賛成・反対の理由を考える

何について考えるかはっきりしたら、現在、どんなことが起こっているのか、何が問題になっているのかを考えながら、賛成と反対の根拠をしっかりと考えます。

「タレント政治家が増えているのはよいことか」という問題を論じる場合を例にして、説明します。その場合、以下のことに気をつけてください。

①あくまでも根拠を考える

小論文でいちばん大切なのは、「根拠」です。「タレント政治家」について問題を出すと、知っているタレント政治家の説明をしたり、知っていることを並べるばかりで、何も論じようとしない人がいます。

しかし、あくまでも、「タレント政治家が増えているのは悪い」と言いたいのなら、なぜ悪いのか、「よい」と言いたければ、なぜよいのか、具体的にどのようなプラスやマイナスがあるか、という「根拠」を書かなければなりません。

②社会問題と結びつけて考える

小論文は基本的に、社会全体にとってよいか悪いかを考えるものです。タレント政治家が増えることで、自分にとって得か楽しいかといったことではなく、日本社会にとってプラスかマイナスかを考えてほしいのです。そのような社会的な視野をもっていることが、小論文の大事なところなのです。

ですから、レベルの高い小論文にするためには、新聞で扱われていることや学校の政治経済や公民などで学んだことと絡めて考えてみてください。「タレント政治家」についても、「民主主義」の問題と結びつけて、「タレント政治家が増えることは、好ましい民主主義を実現することにつながるか」といったことを考えるといいでしょう。

③自分の得意分野と結びつける

小論文を書くためには、知識がものをいいます。社会について何も考えたことがなく、何も知らないのでは、問われた課題について論じることはできません。

ところが、与えられた問題についてしっかりした知識のある人は少ないでしょう。その場合、自分が知っていることと結びつけて考える必要があります。

そうしたことを考えて、賛成・反対の両方の立場の意見を考えてみます。

賛成の意見例

・タレントは知名度があるので、タレントが政治家になると、国民が政治に関心をもつ。そのために、国民が政治に参加するようになる。それは、国民が政治に参加する民主主義の精神に近づくことになる。

・タレントは注目されるので、国民はタレントが政治家になったあとも、その人の行動を追いかける。そうすると、政治に対する監視が進んで、理想的な民主主義に近づく。

・いまは、政治が一部の専門家たちのものになっている。地盤のある2世議員などが政治を動かしている。そのために、談合や癒着が起こって、汚職につながっている。素人のタレント議員が政治をすると、そのようなことがなくなって、清潔な政治ができる。

反対の意見例

・タレント政治家が増えると、国民にとって大事な選挙が人気投票になってしまう。そうなると、本当に政治に関心をもって国民のために活動している人が選挙に勝てなくなる。そして、そんな人までがテレビに出ることばかりを考えて、地道に活動しなくなる。

・タレントが政治家になると、政治が人気取りになり、国民のための政治でなくなる。長期的なビジョンをもった人が選ばれるべきなのに、そのようなことができない。

・タレントが選ばれても、政治の世界を知らず知識もないので、結局、周囲のプロの政治家の言いなりになり、何もできない。

STEP3　構成メモをとる

アイデアメモをとったら、次に構成をメモします。

アイデアをメモした段階では、アイデアを未整理に並べただけです。その中には、使えるアイデアもあれば、使えないアイデアもあるでしょう。

アイデアを整理して、上手に構成するのが構成メモです。

以下の点に注意して、構成してください。

◉構成メモのポイント1　イエス・ノーのどちらで書くかを決める

アイデアメモでイエス・ノーの両方の意見を考えたわけですが、実際に書くためにはどちらの方向で書くかを決める必要があります。

その場合、ふだん自分がどう考えているかは、あまり気にかける必要はありません。「どちらのほうが書きやすいか」「どちらのほうが点がとれるか」を考えて書くのがうまいやり方です。

小論文試験というのは、どれほど知的か、どれほど社会に関心があるか、どれほど勉強熱心かを見るためのゲームのようなものです。どちらがよりアピールできるかを考えて、どちらの方向で書くかを決めてください。

◉構成メモのポイント2　「型」を守る

小論文の場合、「今度はどんな構成にしようか」などと考える必要はありません。14ページに示した「型」どおりに書けばいいのです。小論文の「型」に合うように構成すれば、論理的な小論文ができあがります。

アイデアメモで最も説得力のある「根拠」を第三部に書くように構成するのがコツです。

そして、それに合わせて第二部の「確かに……しかし……」を上手につくります。

◉構成メモのポイント3　欲張らない

つい、「メモしたことをすべて並べて書きたい」という気持ちになってしまうものですが、そんなことをすると、論は崩壊してしまいます。とくに第三部では、いくつもの根拠をあげるよりも、1つか2つの根拠に絞って、きちんと説明するほうが説得力が出ます。

構成メモの例

構成メモ（「タレント政治家」について）

問題提起	意見提示	展開	結論
1 タレント政治家が増えているのはよいことか。	2 確かに、タレントは知名度があるので、タレントが政治家になると、国民が政治に関心をもつ。それはよいことだ。しかし、それ以上によくないことがある。	3 ①タレント政治家が増えると、国民にとって大事な選挙が人気投票になってしまう。②そうなると、本当に政治に関心をもって国民のために活動している人が選挙に勝てなくなる。③そして、そんな人までがテレビに出ることばかりを考えて、地道に活動しなくなる。	4 したがって、タレント政治家が増えているのはよいことではない。

（算用数字は、四部構成の第一部、第二部……を意味する）

いくつものことを未整理に書かないように気をつけてください。

　このように、「型」にしたがって、それぞれの段落に何を書くかをメモします。

　そして、このメモに沿って清書していきます。きちんと箇条書きにしておけば、途中でずれてしまうこともありません。そうすれば、下書きなしでも書くことができます。

STEP4　実際に書く

構成が終わったら、具体例や説明を加えて清書します。清書の書き方を説明しましょう。

◉清書のポイント1　書き出しに凝らなくていい

小論文の場合、作文と違って書き出しに凝る必要はありません。ありきたりの書き出しでいいのです。次の3つのパターンのうち、ひとつを使えるようにしてください。

①客観的事実で始める

「新聞では……と報道されている」「最近、……が増えている」というように、新聞やテレビの報道、人の話などの客観的な事実で始めて、すぐに疑問文で問題を提起する方法です。最も正統的な書き出しなので、これだけマスターしていれば大丈夫です。

例　最近の選挙でまたタレント政治家と呼ばれる人たちがたくさん誕生した。テレビで活躍していた有名人たちである。はたして、このようなタレント政治家が増えるのは好ましいことなのだろうか。

②定義で始める

課題として出題されている言葉の意味、その内容などについての説明から始める方法。

例　タレント政治家とは、スポーツ選手や芸能人など、テレビなどで有名になった人が、後に選挙に出て政治家になった人のことをいう。現在、このようなタレント政治家が国会議員にも地方の知事にも多数いるが、タレント政治家が増えるのはよいことだろうか。

③結論で始める

はじめにズバリと自分の主張を書く方法。とくに、イエス・ノーの形にしにくい場合にはこの書き方を使うとうまくいきます。たとえば、「……の対策はどうあるべきか」「これにはどんな方法があるか」などの問いのときには、最初に、「このような対策がある」「このような方法がある」とズバリと書いて、それを問題提起代わりにして、それを検証する形をとります。

しかし、先に結論を言ってしまうために、字数稼ぎがしにくくなることがあります。書き慣れないうちは、あまり使わないほうがいいでしょう。

例　タレント政治家が増えているが、私はこのような状況に反対である。

◉清書のポイント2　説明する

作文の場合、「……と思う」で済ますことができますが、小論文の場合、きちんと説明を加えるのが原則です。なぜそう思うのか、具体的にはどんなことがあるのかなどを、きちんと説明します。それをしないと、決めつけたことになってしまい、説得力をなくします。説明をすることで、字数を増やすことにもつながり、説得力を強めることにも役立ちます。状況を知らない人や、別の価値観をもっている人にも、言おうとしていることが伝わるように説明するよう心がけてください。

例　タレント政治家には知識のないことが多いので、役人の言いなりになることが多い。たとえば、かつての青島東京都知事は、はじめのうちはそれまでの都政を変えることをめざしていた。しかし、長年その仕事を続けてきて細かいところまで知り尽くしている役人に反対されると、改革を実行できなくなったと言われている。それと同じようなことは、多くのタレント政治家のもつ宿命と考えられる。

模範解答例

最近では、選挙のたびに芸能人やスポーツ選手としてテレビに出ていた人が候補者になり、かなりの人が当選している。タレント政治家が増えるのはよいことなのだろうか。

確かに、タレント政治家が増えることにもプラス面がある。タレント政治家が増えるからこそ、多くの人が選挙に関心をもつ。政治家が知識のある国民だけを相手にしても、国民は政治に関心をもたず、社会を自分たちでよくしようという意識をもたない。また、政界に進出してからも、その行動に注目する。国民と政治の距離が縮まるのである。だが、タレント政治家が増えることは、それ以上に悪い面のほうが多いと私は考える。

国民がしっかりしたビジョンをもった政治家よりも、政治的手腕のない人気者に投票すると、素人政治になる可能性が高い。また、国民がテレビでなじみの人に投票するようになると、大事な選挙がたんなる人気投票になってしまう。本当に政治に関心をもって長年しっかりした政治活動をしてきた人が選挙に勝てなくなり、ほかの政治家も、本来の政治よりも人気取りを重視するようになる。そうなると、本来の国民のための政治が置き去りにされることになる。タレント政治家が増えたのは、その大きなあらわれだと私は考える。

以上述べたとおり、タレント政治家の増加は危険である。国民はもっと政治を自分のことと考えて政治にかかわるべきである。

4 課題文のつく問題の書き方

入試の小論文問題のほとんどは、課題文があって、それを読んだうえで小論文を書くタイプの問題です。

このタイプの問題も、読み取りが加わっただけで、基本的な書き方は、先ほど説明した課題文のつかない問題の場合と同じです。ただ、以下の点を注意する必要があります。

例題

次の課題文を読んで、あなたの意見を600字程度でまとめなさい。

私はときどき、ネット検索を行う。さまざまな人の意見が書き込まれている掲示板を見ることがある。そして、そこに書かれている乱暴で傲慢な言葉づかいに驚く。他の人の発言を罵ったり、有名人を中傷したり、差別用語をまき散らしたり。美しいはずの日本語がきわめて醜く使われている。

もちろん、鋭い意見もたくさんある。ネット上の意見に教えられることも多い。新しい情報を知ることもある。ところが、それに混じって、日本の将来を憂いたくなるような言辞が跋扈《ばっこ》している。

なぜ、こんなことが起こっているのか。もちろん背景はさまざまだろうが、最大の原因は匿名の書き込みを許していることである。

他者に対する敬意もなく一方的に罵っている人も、人格の卑しさがあらわになるのだから、まさか実名を出してこのようなことを書けるはずがあるまい。匿名で書き込むからこそ、このような罵詈雑言《ばりぞうごん》や中傷がはびこっているのである。

そもそも自分の名前を出して責任を持って主張してこそ、それは公的な意見として信用される。匿名でこそこそと卑劣な発言をすることは許されることではない。これからは、実名を明かすと重大な被害が考えられるような場合を除いて、ネット上の書き込みは原則として実名とするように定めてはどうだろう。そうすれば、もっと知的で建設的な意見が交わされ、日本社会の文化度のアップに貢献するのではないか。

STEP1　課題文をしっかりと読み取る

課題文がある場合、まずはしっかりと課題文を読み取る必要があります。ごくまれに、課題文を理解しなくても書けるような問題がありますが、それは例外です。課題文が与えられたら、しっかりと読み取ることを考えてください。

◉読み取るコツ1　キーワードを探す

正確に読み取るには、まずキーワードを探して、その文章が何を問題にしているのか、何について語っているのかをはっきりさせます。キーワードがわかりにくい言葉の場合には、その意味をきちんと考えます。

◉読み取るコツ2　何に反対しているかを考える

ほとんどの文章は、「××とみんなは思っているが、そうではない。○○だ」「人は、××と言っているが、私は反対だ。○○なのだ」などと語っています。だから、何に反対しているかを考えると、その文章の言いたいことがわかります。文章の言いたいことがはっきりしないときは、「この文章が最も反対しているのは何か」を考えてみます。

◉読み取るコツ3　そのうえで、その文章の「言いたいこと」を考える

そのうえで、文章のいちばん言いたいことをはっきりさせます。ほとんどの場合、その文章が何に反対しているかを考えれば、その文章の言いたいことはわかるはずです。

この例題の場合、キーワードは、「ネット上の書き込み」。

この文章が最も反対しているのは、「匿名でネットの掲示板に書く」という状況です。そして、この文章が言いたいのは、「ネットの掲示板は匿名で書くから、悪質な書き込みが増える。実名を原則にするべきだ」ということです。

STEP2　どんな問題提起にするかを考える

読み取れたら、次に問題提起を考えます。

ほとんどの場合、課題文の言いたいことが正しいかどうか、好ましいかどうか、課題文で示されている出来事がよいことなのかどうかを考えれば、問題提起になります。

「文章を読んで、○○について、あなたの意見を書きなさい」といった条件のある課題が出されることがあります。そのような場合には、それについて課題文が主張していることが正しいかどうかなどについて問題提起すればいいのです。

この例題は、「ネットの掲示板は匿名で書くから、悪質な書き込みが増える。実名を原則にするべきだ」と主張していたわけですから、「ネットの掲示板の書き込みは、実名を原則にするべきか」について論じればいいでしょう。

STEP3　課題文に賛成・反対を考える

課題文に賛成の立場で書くか、それとも反対の立場で書くかを考えます。

賛成の立場で書くときには、課題文を繰り返すだけになりがちなので注意が必要です。次のような手順で考えると、しっかりした小論文になります。

◉手順1　まずは反論してみる

課題文に賛成するだけでは、何も書けません。まずは、反論できないかを考えてみます。もし、反論できそうなら、反論します。反論できないときにも、反論として考えたことを「確かに、こんな反論が考えられる」と入れて、いかすことができます。

◉手順2　課題文に書かれているのとは別の理由はないかを考える

賛成する方向で書く場合、課題文に書かれていない根拠を示すと、鋭い小論文になります。ほかの根拠はないか考えてみてください。

◉手順3　課題文の内容をふくらませる

課題文に少しだけ語られていることを、できるだけ具体例などを加えて詳しく説明します。あまり高度な小論文にはなりませんが、十分に合格できるレベルには達します。

STEP4　実際に書く

第一部では、まずは課題文の内容を簡単にまとめるのが原則です。そして、その課題文の語っていることから、問題提起を導き出します。そうすることで、課題文をきちんと理解したうえで、しっかりと問題点を考えようとしていることを示すことができます。

第二部では、課題文で問題にされていることに賛成か反対かを示します。課題文に賛成したいときには、「確かに、課題文に反対する意見としては、このようなものがあるだろう。……しかし、課題文の意見が正しい」というように書きます。課題文に反対したいときには、「確かに、課題文には正しい面がある。たとえば、こんなところだ。……しかし、課題文の意見には反対だ」というように書きます。

第三部以降は、これまで説明してきた小論文の書き方と同じでいいでしょう。

模範解答例

課題文が指摘するとおり、インターネット上の書き込みのうち、匿名のものが大多数だ。そのため、さまざまな事件が起こり、匿名の原則を改めるべきだという意見もある。では、インターネットの匿名の原則は改めるべきだろうか。

確かに、匿名制度には好ましくない面がある。匿名であるために、多くの書き込みが無責任になってしまう。匿名をいいことに、ウソの情報を伝えたり、中傷したりすることも少なくない。そうなると、情報が混乱し、何が正しい情報なのかがわからなくなる。情報化が、むしろ事実のあいまい化に結びつく恐れがある。だが、匿名ゆえに問題が起こっているからといって、匿名の原則を改めるべきではないと私は考える。

一般人が意見を語るには、匿名性が必要である。匿名だからこそ、人は自由に発信できる。反対意見の人が危害を受ける恐れもある。また、社会的地位の低い人が高い人、とりわけ高名な人に反論することも遠慮しがちになる。こうなると、誰もが本音を言えずに、きれいごとを語るようになる。匿名ゆえに、好ましくない情報や間違った情報がたくさん書き込まれるのはやむをえない。そうしたものも含めて、たくさんの情報が社会に向けて発信されるほうが、全体の情報量が増え、多くの人の役に立つのである。

以上述べたとおり、私はインターネットの匿名の原則を改める必要はないと考える。

5 そのほかの形式の問題の書き方

前にも説明したとおり、一口に小論文問題といっても、さまざまな形式があります。そのような場合、次のように考えてください。

1 グラフや表など資料が出る問題の書き方

グラフや表などの資料が出題されたとき、次のことに気をつけます。

◉まずは大まかに読み取る

グラフや表も、何かを指摘したり、主張したりしています。まずは数字の大きな違い、資料にあらわれる共通点などを見つけ、その資料から見える大きな点を読み取ります。それが読み取れたあとで、小さな数字の違いなどに目をやります。

◉仮説を立てる

資料が何を語っているのかよくわからないときには、課題についての知識と照らし合わせて考えてみます。高齢化の医療に関するグラフが出ている場合など、「これから高齢化がますます進んで、福祉が大変になる」という知識があったら、その資料からそれが裏付けられるかどうかを確認します。裏付けられなかったら、それはなぜかを考えます。

なお、資料の読み取りだけが求められている設問に対しては、次ページの「3 説明問題の書き方」を見てください。資料についての意見が求められている場合には、課題文がある場合と同じように、第一部で資料から読み取れるものを指摘したうえで、そのような状況の是非などを問題提起して、四部構成を用いて論じればいいでしょう。

2 絵や写真が出る問題の書き方

課題文の代わりに、絵や写真、漫画が示されて、それについての感想を書くことが求められている問題もあります。その場合、作者の伝えようとしていることをできるだけ正確に読み取り、それが正しいかどうかなどを問題提起するといいでしょう。

ただし、絵や写真、漫画には、いつもはっきりした主張があるとは限りません。そんな場合には、多少拡大解釈して、その素材から自分でテーマをつくる必要があります。

たとえば、最初に、「私には、この絵は都会の孤独を描いているように思える」というように、強引でもいいので自分のテーマを言い切ってしまいます。ただし、そう書いたら、そのあとで理由を述べる必要があります。「ここに描かれた繁華街は、人が多いが静けさにあふれていて、空虚感にあふれている」などというように付け加えます。

こうして、第一段落に絵や写真、漫画の読み取りを書いて、あとはいつもの要領で論を深めることを考えればいいでしょう。

3　説明問題の書き方

長い課題文に設問がいくつかあって、その問一や問二で、「下線部の意味を200字以内で説明しなさい」などと求められることがあります。また、「○○の意味を150字程度で説明しなさい」などの問題もあります。この種の問題は、「小論文」ではなく、記述式問題、あるいは説明問題と考えるべきでしょう。
記述式の書き方としては、以下の2つの書き方をマスターすることが大切です。

A型（基本型）
★第一部……ずばりと設問に答える
★第二部……その理由や詳しいことを説明する

B型（A型を逆にした形）
★第一部……理由などを説明する
★第二部……設問に対して答える

ほとんどの場合、「A型」で対応できますが、問題によってはそれでは書きにくいことがあります。そのときには、「B型」を使います。両方をマスターしておくといいでしょう。
なお、国語の授業の影響で、設問に「なぜですか」とあると、「……だから」と締めくくくる答案をよく見かけますが、字数が150字程度の場合は、ひとつの文で書こうとすると、どうしてもだらだらして、わかりにくくなってしまいます。だからといって、文が2つか3つあるのに、最後の文だけ「……だから」では意味が通じません。

そこで、「なぜですか」と問われていたら、まずズバリと、「……なのは、……だからである」と書いておいて、そのあとでそれを説明する形にすると、設問にきちんと答えながら、論理的でわかりやすい文章になります。

例題

世界に誇れる日本文化の例をひとつあげて、150字以内で説明しなさい。

◉解答例

世界に誇れる日本文化は、何よりも漫画である。（第一部↑↓第二部）漫画も、もとは欧米で発達したが、手塚治虫が映画的な手法をつくり出してから、西洋のものよりも動きがあってストーリー的にも面白い漫画が次々と生み出された。いまでは「manga」という言葉は世界で通じて、世界中の書店に日本の漫画が置かれ、ファンを得ている。

例題

なぜ、日本は戦後、急速に発展したのか。発展の理由をひとつあげて、100字程度で説明しなさい。

◉解答例1（A型）

日本が戦後発展した理由のひとつは、日本人の教育水準の高さである。第一部↑↓第二部 戦前から日本の教育水準は高く、識字率は世界で有数だった。そのため、戦争で都市が破壊されたあとも、それを復興するだけの技術力と西洋に学ぶ知的能力があった。

◉解答例2（B型）

戦前から日本の教育水準は高く、識字率は世界で有数だった。戦争で都市が破壊されたあとも、それを復興するだけの技術力と西洋に学ぶ知的能力があった。第二部↑↓第一部 それゆえ、日本が戦後発展した理由のひとつは、日本人の教育水準の高さである。

4　要約問題の書き方

要約問題もよく出題されます。

課題文が与えられ、問一に課題文の要約が求められて、問二で意見が求められるという問題がほとんどです。時には、「小論文試験」としながら、実際には要約だけが求められることもあります。

これについても、「3　説明問題の書き方」を参考にしてください。説明問題と同じように、「A型」か「B型」で要約をすることができます。

なお、要約問題の場合、次の3大基本原則を守ってください。

①課題文の筆者になりかわって書く。だから、「筆者は……と書いている」などといちいち書く必要はない。

②課題文を読んでいない人にもわかるように書く。つまり、要約だけで意味が通じるようにしなくてはいけない。

③読み取れたことを示すつもりで書く。要約問題というのは、課題文を理解できたかどうかを見るための問題だというのを忘れてはいけない。だから、課題文のキーワードはそのまま使い、きちんとキーワードを捉えたことを示し、それ以外はできるだけわかりやすい言葉で書く。

◉解答例（44〜45ページの課題文を150字以内に要約した場合）

ネットの掲示板に乱暴で傲慢な言葉づかいが多い最大の原因は、匿名の書き込みを許していることである。自分の名前を出して責任をもって主張してこそ、それは公的な意見として信用される。だから、ネット上の書き込みは原則として実名とするべきだ。そうすると、もっと日本社会の文化度のアップに貢献するはずである。

5　志望理由書

小論文という科目名になっているのに、実際には、志望理由を書くことが求められることがあります。また、「私の夢」「私の志」というような題で書くことが求められることもあります。

このような志望理由にかかわる課題の場合、次のような構成にするといいでしょう。

第一部　自分のしたいことをずばりと書く

「私の夢は○○である」「私は、○○をしたいために、△△大学を志望する」というように書きます。

第二部　そう考えるようになったきっかけ

ここで、熱意を示します。「高校生活の中でこんな経験をした」「こんな本を読んだ」などが、最も書きやすいでしょう。

第三部　したいことの意義など

具体的にどのようにしたいか、それにどんな意義があるかなどを書きます。ここで、したいことについて具体的にイメージできていることを示します。

第四部　全体のまとめ

それをすることについての覚悟などを示します。

模範解答例

私の夢は、よい看護師になることである。

小学生のころ、入院していたことがある。看護師のYさんは明るくて、仕事熱心で、患者に優しかった。暗くなっている患者がいると慰めていた。患者をいつも気遣い、少しでも患者が苦しまないように工夫してくれた。Yさんは入院患者の生きる支えにさえなっていた。病気のことはもちろん、学校のこと、人生のことまで、私の相談に乗ってくれた。私は、Yさんを見ているうちに、看護師という職業の大事さを知って、いつか看護師になりたいと夢見るようになっていた。

これから高齢社会が進む。そんな社会では、とくに高齢者に優しく接し、高齢者の心を考えながら行動できる人物が必要になる。専門知識をもち、適切な医療行為を行うだけでなく、患者の心の中にまで入り込んで、苦しみを和らげる存在が必要である。それをするのにふさわしいのが、看護師である。看護師は医師と患者の両方と交流することによって、医師に言えない患者の気持ちを聞き出して医師に伝え、また逆に、医師の指示をわかりやすく患者に伝える。看護師がいてこそ、医療行為は血が通うものになるのである。

私は、看護師として病院に勤め、かつての私のような子どもたちにも高齢者にも慕われ、尊敬されるようになりたい。そして、病院の人々にも信頼され、日本の医療の一角を支える看護師になりたい。それが、私の夢である。

第2部

「書くネタ」編

いちばんやさしい
基礎知識の解説

1
環境問題

環境問題は、毎年いろいろな大学で出題されるテーマです。社会系はもちろん、医学系、理系などでもしばしば出題されます。

現在の国際社会にとって最重要の問題でもあり、科学だけでなく、政治、経済など、さまざまな分野が絡む問題でもあります。私たちの日常生活にも大きなかかわりのある問題なので、大学に行くような人なら、必ず背景を知っておきたいテーマのひとつです。

具体的には、地球温暖化、ゴミ問題などが多く出題されます。ぜひ、基本的な知識を整理しておいてください。

課題

最近では、多くの自治体で、ゴミを捨てるときには有料のゴミ袋を購入し、それに入れて捨てることを義務づけるなど、ゴミ回収の有料化が進んでいます。このことについて、あなたはどう考えますか。（600字以内でまとめてください）

課題の解説

以前の日本社会では、ゴミを捨てるのはタダでした。いくら大量のゴミでも、指定のゴミ捨て場に出しておけば、タダで業者がもっていってくれました。

ところが、最近では、多くの自治体で、自治体の指定する有料のゴミ袋を買って、ゴミはそれに入れて出すことが義務づけられています。いまではむしろ、ゴミを回収してもらうのにお金がかかるというのは、常識になっているとさえ言えるでしょう。

ではなぜ、こうした変化が起こったのでしょうか。

簡単に言うと、世の中の環境意識が高まったからです。このまま無制限にゴミを出しつづけると大変なことになる、ということにみんなが気づいたのです。

以前の日本社会では、どんどんモノを使って、どんどんモノを捨てていました。「使い捨て」などという言葉が流行した時代もありました。

しかし、そうしてどんどんゴミを捨てていくと、ゴミを捨てる場所にも困ってきます。海を埋め立ててゴミ捨て場にしていましたが、その場所もどんどんいっぱいになってきていますし、ゴミによって海が汚れるのも心配です。

また、ゴミを燃やすなどして処分すると、ダイオキシンをはじめとする、人体や自然界に有害な物質が出ることもわかってきました。ゴミをたくさん出す社会を改めないと、自然環境に大きなダメージを与えてしまうことが、はっきりとしてきたのです。

また、石油をはじめとする資源には、限りがあることも問題です。だから、資源保護の観点からも、ゴミを出さず、モノを大切に使うことが求められています。

そうした背景から、ゴミを少しでも減らし、ゴミ問題を解決する手段として、ゴミ回収の有料化が多くの自治体で始められるようになりました。ゴミの有料化の問題は、環境問題と深く結びついた、私たちの日ごろの取り組みが試される問題と言えます。

ゴミ回収の有料化に賛成する意見と反対する意見をまとめると、次のようになります。

ゴミ回収が有料化になった背景を考えると、賛成する意見のほうが書きやすいかもしれませんが、反対する意見でも、工夫次第で十分、鋭い論が書けます。ぜひ両方の意見を踏まえたうえで、論を深めてください。

賛成の意見例

・ゴミ回収の有料化は、ゴミを減らす効果がすぐにあらわれ、しかもその効果が大きい。お金がかかることで、一人ひとりが直接損をすることになるので、損をしないためにゴミを減らす行動に出る。呼びかけて良心に期待するようなやり方より、現実的な効果はずっと大きいだろう。

・ゴミ回収を有料化することで、ゴミ問題を他人事ではなく、自分自身の問題として考えることになる。そうすれば、一人ひとりがゴミや環境の問題にもっと関心をもつようになるだろう。一人ひとりの環境意識がゴミの有料化によって高まるので、その結果、ゴミが減っていくことになる。

・ゴミ回収を有料化すれば、できるだけお金をとられまいと、なるべくゴミを出さない生活をするようになる。以前のようなゴミをどんどん出す無駄の多い生活を改め、「もったいない」という意識でモノを長く使うようになる。このことは、限られた資源を大切に使うという観点からも、好ましいことだ。

反対の意見例

・ゴミ回収を有料化すると、「お金を払っているのだから、いくらゴミを捨ててもいい」と逆に考える人も出てくる。つまり、ゴミ回収の有料化が、たくさんのゴミを捨てることを正当化することにもなりかねない。

・ゴミ回収を有料化しても、人々の意識は変わらない。お金という強制力によって、無理に縛っているにすぎない。「ゴミ回収が有料でなくても、そもそもゴミは出さない」というくらいに環境意識が高まってはじめて、ゴミ問題の根本的な解決が可能になる。

・ゴミ回収を有料化すると、料金を払いたくないために、こっそりとゴミを捨てる人が出てくる。たとえば、山奥などの人目につかないところに大量のゴミを捨てるモラルのない人が、すでにあらわれている。ゴミ回収を有料化することで、ゴミの捨て方がかえって悪質になるおそれがある。

賛成の解答例

最近では、多くの自治体で、有料のゴミ袋を指定するなどの形で、ゴミ回収の有料化が進んでいる。では、こうしたゴミ回収の有料化は望ましいことなのだろうか。

確かに、ゴミ回収の有料化は、人々をお金の強制力で縛っているだけの、表面的な対策にすぎないという見方もある。人々は、お金を損するのがいやでゴミを減らすかもしれないが、本当に地球環境への意識が高まってゴミを減らしているわけではないだろう。そのために、ゴミ回収を有料化しても、バレないようにこっそり捨てるなどの悪質なゴミ捨てが、かえって増えるおそれもある。しかし、やはりゴミ回収の有料化は進めるべきだ。

ゴミ回収を有料化すれば、お金がかかっているだけに、人々は自分の問題として真剣にゴミ問題を考えるようになる。とくに、余計なお金をとられたくないと、そもそものゴミの量を減らそうとする気持ちが生まれるのは重要だ。このことが、モノを大切に長く使い、安易には捨てない「もったいない精神」につながっていけば、ゴミ問題を解決するための重要な糸口になるだろう。ゴミ問題の解決には、リサイクルなどよりも、そもそものゴミの量を減らすことが最も大切である。ゴミ回収の有料化は、強制力をもって効果的にゴミの量を減らしていくことができるのである。

したがって、私はゴミ回収の有料化は望ましいと考える。

反対の解答例

最近では、多くの自治体で、有料のゴミ袋を指定するなどの形で、ゴミ回収の有料化が進んでいる。では、こうしたゴミ回収の有料化は望ましいことなのだろうか。

確かに、ゴミ回収の有料化には、お金という強制力がある。ゴミ回収が有料になれば、「ゴミを減らしましょう」といった呼びかけだけでは動かないような人たちも、損をしたくないからと、余計なゴミは減らそうとすぐに努力するだろう。また、ゴミ回収の有料化によって集めたお金は、ゴミ問題の解決のためのさまざまな対策に有効利用することもできる。しかし、やはりゴミ回収の有料化は進めるべきではない。

ゴミ回収を有料化しても、人々の環境意識は育たない。人々はただ損をしたくないから、ゴミを減らしているにすぎない。むしろ、「お金を払っているからゴミを捨ててもいい」とモラルが悪くなることさえ考えられる。現在の深刻化するゴミ問題を解決するには、こうした小手先の対策ではなく、遠回りに見えても、環境意識をじっくりと育てていくことが大切だ。ゴミ回収が有料でなくても、そもそもゴミは出さない、たくさんのゴミを出すのは恥ずかしいことだ、というレベルまで環境のことを考えられるようになってはじめて、ゴミ問題の根本的な解決が可能になる。

したがって、私はゴミ回収の有料化は望ましくないと考える。

環境問題についての基礎知識

環境破壊が問題になってきた背景

環境問題には、地球温暖化を中心に、森林伐採や砂漠化の進行、大気汚染、水質汚染などの問題があります。

ここが使える

環境破壊が問題となってきたのは、人類の歴史の中では最近のことです。

産業革命以前は、人間が自然に与える影響力はいまよりもずっと小さく、自然は人間によってダメージを与えられても回復できました。ところが、産業革命以後、機械が進歩し、産業が発展すると、人間は自然を思うままにつくり変えることができると考えはじめ、経済活動を発展させるために資源を消費し、環境を破壊しはじめました。

ここが使える

以前はそのことがあまり問題にはなりませんでしたが、最近では、地球温暖化をはじめとする気候の変動が無視できないレベルになってきました。つまり、**環境意識の高まりにより、環境問題が表面化した**とも言えます。

ここが使える

環境問題は、機械文明を手にした人間が、自分たちのエゴ、わがままによって引き起こ

した問題です。したがって、環境問題を考えることは、私たちが自分たちのエゴとどう向き合っていくのかを考えることでもあります。

地球温暖化の原因とメカニズム

ここが使える ここが使える

環境破壊の中でも、最重要の問題が地球温暖化です。

地球温暖化とは、要するに地球の気温が上昇することですが、その原因は、二酸化炭素をはじめとする温室効果ガスだと言われています。

温室効果ガスは、自動車の排気ガスや工場の煙などから排出されますが、これらの温室効果ガスが大気中に増えると、ビニールハウスのように熱を外に逃さない働きをします。その結果、太陽が暖めた地表の熱が逃げなくなり、地球の気温が上昇するというのが、地球温暖化のメカニズムです。

地球温暖化によって起こる問題の数々

地球温暖化はよくないこと、世界中の人や企業が努力して食い止めるべきことだと言われていますが、それはなぜでしょうか。地球温暖化によって起こる問題点を考えてみます。

まず、単純に気温が上昇することで、夏が暑くなりすぎるなど、過ごしにくくなります。また、気温の変動によって環境が変わり、それに対応できない動植物が絶滅するおそれもあります。さらに、地球環境が不安定化して、干ばつや豪雨など、予測できない気候変動が起こるとも指摘されています。

ここが使える

そして、最も問題なのが、南極や北極の氷が解けてしまうことです。**氷が解けることで海水面が上昇し、低いところにある国や地域が、海に沈んでしまうおそれがある**と考えられているのです。

環境対策と経済発展の矛盾をどう解決するか

こうした深刻な環境問題には、世界中が一丸になって取り組めば解決すると考える人もいるでしょう。しかし、問題はそう単純ではありません。

温暖化対策として、二酸化炭素の排出を抑えようとすると、自動車の使用を制限したり、工場の生産量を減らす必要が出てきます。すると、経済発展にはブレーキがかかり、厳しい国際競争の時代に、国や企業が生き残っていけなくなります。また、私たちがこれまで送ってきた便利で快適な生活も、一部我慢しなくてはならなくなります。

ここが使える

このように、環境対策と経済発展は矛盾するため、環境問題を考えるには、その矛盾をどう解決するかを考える視点が欠かせないのです。

リサイクルのプラス面とマイナス面

「リサイクル」という言葉も、最近ではすっかり定着しました。

リサイクル（再生利用）とは、いらなくなったものをただ捨てるのではなく、再処理して資源として利用することです。

ここが使える

一見、リサイクルというと、無条件でよいものと思われがちですが、リサイクルにもプラス面とマイナス面があると言われています。

まず、プラス面は、資源として再利用が可能になることや、リサイクルを心がけることで、人々の環境意識が高まること。一方、マイナス面は、再処理する過程に人手やコストがかかって経済的でないことや、再処理する過程で資源を消費するので資源保護という点であまり効果がないことなどがあげられます。

「3R」＝「リサイクル」「リユース」「リデュース」

今回の課題で見たように、ゴミ問題は深刻です。また、石油をはじめとした資源には限りがあることがわかってきたため、ゴミを極力減らすこと、できればゴミゼロ社会を実現することが求められています。

ここが使える

その方法として、**「リサイクル」（再生利用）のほか、「リユース」（再使用）、「リデュース」（ゴミを減らす）とあわせて、「3R」という言葉がよく使われる**ようになっています。

「リユース」（再使用）は、中古品を利用することです。「リデュース」（ゴミを減らす）はとくに大切で、そもそもゴミになるような余計なものは買わない、という考え方です。

ここが使える

人々がこうした意識を徹底すれば、モノを一回限りの使い捨てにしない社会になります。**ゴミゼロ社会の実現には、モノが社会を回っていく循環型の社会をめざすことが大切**です。

環境問題を解決するカギ

最後に、環境対策についての知識を整理しておきます。

まず、私たちができる身近な環境対策には、できるだけ車を使わないことや、冷暖房の温度設定をゆるやかにすること、前述の3R行動の実践などがあげられます。

また、企業や国がすべき環境対策には、環境技術を製品に積極的に導入することや、生産過程での二酸化炭素削減の努力、税制面から環境対策に積極的な企業を優遇することなどが考えられます。

ここが使える

ただ、**最も大切な環境対策は、私たちの意識を根本的に変えること**です。

ここまで環境破壊が進んでしまったのは、これまでの近代社会が、大量にモノをつくっては大量に捨てるという、大量生産、大量消費の社会だったからです。人類はそうして経済発展を遂げてきたのですが、それでは地球環境がもたないことがはっきりしました。だからこそ、私たちの意識を変え、大量生産・大量消費の社会のシステムを改めていく必要があります。

これからは、モノはつくりすぎず、「もったいない」の精神をもってモノを大切に使っていくという、経済活動としては縮小した社会をみんなが受け入れていく必要があります。

ここが使える

環境問題を解決するカギは、現代人のいきすぎたライフスタイルを見直せるかどうかにかかっているように思われます。

推薦図書

宇沢弘文『地球温暖化を考える』岩波新書

環境問題を考えるうえで最も大切な課題は、地球温暖化です。実際の小論文試験でも、温暖化についての考えを求められる出題は多くなされます。

この本では、地球温暖化を考えるうえでの基本的な知識がとてもわかりやすく、かつバランスよく説明されています。温暖化のメカニズムを丁寧に説明することから始まり、温暖化問題を考えるうえで最も重要な、現代の大量消費社会のライフスタイルの問題点にも、1章まるまる使ってしっかり言及されています。

さらに、炭素税を中心として、現実味のある温暖化対策にはどんなものがあるのかという点まで論じられているので、この1冊を読んでおけば、地球温暖化について十分な知識が身につくでしょう。

森住明弘『環境とつきあう50話』岩波ジュニア新書

この本では、分別ゴミや屋上緑化、ファーストフード店で使われるトレイなど、身近な話題から環境問題を考えていくので、環境問題の要点が楽しみつつ理解できます。

また、50話あるため、自分の興味がある話題を拾い読みするだけでも、環境問題についての論に説得力を与えてくれる具体例が、知識として蓄えられることでしょう。

2
国際関係

国際関係の問題、とくにグローバル化（グローバリゼーション）の問題は、主に社会学系の学部で出題されます。

ただ、グローバル化は現在も進行中であり、いまを生きる私たちすべてに関係していることなので、大学に行く人であれば、必ず知っておかなければならないテーマです。

ほかのテーマであっても、その背景にグローバル化があることが少なくありません。たとえば、いまの日本で問題になっている時事的なテーマが出された場合にも、グローバル化と結びつけて考えると、論を深めることができます。

だから、どの学部・学科を受けるにしても、グローバル化についてきちんと理解しておいて損はないでしょう。

課題

2008年、アメリカのサブプライムローン問題をきっかけに、アメリカの投資銀行リーマン・ブラザーズが破綻し、それを引き金にして世界金融危機が起こり、世界同時不況になりました。このように、アメリカ一国の問題が世界中に波及してしまうのは、それだけグローバル化が進んだからです。このようにグローバル化が進んでいることについて、あなたはどう考えますか。（600字以内でまとめてください）

国際関係

課題の解説

「グローバル化」とは、経済や情報や文化などが国境を越えて地球規模で広がることをいいます。グローバル化は大航海時代から始まったという見方もありますが、実際にグローバル化がよく言われるようになったのは、1991年のソ連崩壊以降のことです。

それまでは、アメリカを中心とする西側（自由主義）陣営と、ソ連を中心とする東側（社会主義）陣営が対立していました。これを冷戦（東西冷戦）といい、第二次世界大戦後から続いていました。しかし、1989年にドイツを東西に分けていたベルリンの壁がくずれ、その2年後にソ連が崩壊したことで、冷戦時代は終わりを告げました。そして、世界が同じ方向へと動き出したのが、いまのグローバル化のはじまりです。

近年、グローバル化はさまざまな面で急速に進んでいます。

まず、インターネットや衛星通信などの発達により、どんな情報でも世界中にすぐに伝わるようになりました。それにより、インターネット上で株式などの取引ができるようになり、たくさんの資金が世界中を移動するようになりました。

カネだけでなく、モノも大量に世界中を移動するようになっています。

先進国の企業は、世界のあちこちに進出して、商品をつくったり売ったりしています。貿易もさかんになり、商品や資源、食糧などが世界中の国々でやりとりされています。文化もまた、ひとつの商品として世界中で売られるようになりました。たとえば、日本のアニメや漫画が世界中で受け入れられているのは、グローバル化のおかげでもあります。

ヒトもまた、世界中を自由に行き来しています。

自分の国を離れて、外国で働く人が多くなっています。豊かになった国の人たちが外国へ観光旅行に多く出かけるようになり、各国にとって観光も大きな産業になっています。

このように、ヒト・モノ・カネが世界中を自由に行き来するようになったのが、グローバル化の大きな特徴です。

ところで、アメリカのサブプライムローン問題が、世界同時不況をもたらしてしまったのは、グローバル化の負の面です。つまり、経済はもはや国ごとに成り立っているのではなく、世界がひとつの大きな市場になっています。だから、ひとつの国で何か経済的な問題が発生すると、その影響が世界経済全体に及んでしまうのです。

とくに日本は貿易で成り立っている国なので、グローバル化が進むことにより、得をすることもあれば、損をすることもあります。ただ、グローバル化の問題を考える場合は、日本のことだけでなく、世界全体のあり方を考える必要があります。

グローバル化の進行に賛成する意見と反対する意見をまとめると、次のとおりです。

賛成の意見例

・先進国の企業は、安い労働力を求めて海外に工場を移している。だから、これまで発展途上国と呼ばれてきた国々も外国の企業を受け入れ、資源や商品を海外に輸出できる産業をもつことで、経済発展することができる。いったん経済が発展しはじめると、世界中から資金が集まってくるので、さらに発展していく。中国がそのよい例である。

・人や情報が世界を自由に行き来するようになると、民主主義や人権思想がさらに世界に広がり、世界の人々に普遍的な価値として共有されるようになる。

・研究に資金を出す国や企業に、世界中から優秀な人材が集まり、科学技術がさらに発展する可能性がある。また、進んだ知識や技術が世界に広まっていくことにもなる。

・異文化交流が進み、さまざまな国の国民同士が互いに相手の文化について理解を深められる。それにより、国同士の歴史的な対立や不和も解消される可能性がある。最近の日本と韓国の関係がよい例だろう。

・個人が国境にとらわれず、もっと自由に世界中を旅行したり、世界のどこででも住んだり働けるようになる。つまり、個人の自由度が、いまよりもっと高まる可能性がある。

・世界の国々の結びつきが強くなるので、戦争が起きにくくなる。ある国が国際社会と対立して戦争を起こしても、それはまったく得にならない。なぜなら、海外から物資や食糧が入ってこなくなり、国が成り立たなくなってしまうからだ。

・環境問題などは、世界中の国々が協力して取り組んでいかないと解決できない。グローバル化が進むと国際協調も進み、どの国も共通の問題意識をもって、さまざまな国際問題に取り組むようになる。

国際関係

反対の意見例

・グローバル化が進むと、企業や産業の国際競争が激しくなる。そのため、ある国の産業が国際競争に負けてしまうと、その産業が弱くなり、失業者が増え、その国の経済が弱まってしまう。

・世界の国同士の格差が、さらに大きくなってしまう。グローバル化の流れに乗って経済発展する国がある一方で、何の資源も産業もない国は貧しいままであり、そうした国の人たちは貧困に苦しみつづけなくてはならない。その結果、紛争やテロが起きやすくなる。紛争やテロのおおもとにあるのは、貧困だからだ。

・グローバル化が進むと、強い国、たとえばアメリカの文化や社会システムがほかの国に入ってきて、その国の伝統文化や社会システムを変えてしまう。その結果、世界の国々の文化や社会システムがどこも同じようなものになってしまう。たとえば、どこの国にもマクドナルドが進出し、ファーストフードが世界中で食べられているが、それはそれぞれの国の伝統的な食文化を壊すことになっている。

・グローバル化により、世界中が均質化し、それぞれの国や民族の伝統文化が廃れてしまう。そして、人々は文化的なアイデンティティを失い、自分の故郷から追放されて根無し草のような状態になってしまう。

・グローバル化が進むと、伝染病などは世界中にたちまち広がってしまう。たとえば新型インフルエンザも、いまほど人が世界中を行き来していなければ、それほど急速には広まらなかっただろう。

賛成の解答例

二〇〇八年にアメリカ発の金融危機が起こり、世界が同時不況に陥った。このように、グローバル化が進むと、一国の問題が世界中に波及してしまうことが明らかになった。では、グローバル化が進むことは好ましいのだろうか。

確かに、グローバル化が進むと、どんなことでも世界中に広がってしまうおそれがある。たとえば、新型インフルエンザがそうだった。メキシコで新型インフルエンザが発生してから、たちまち世界中で流行してしまった。もし毒性が強かったら、世界中でもっと多くの死者が出たかもしれない。しかし、それでもグローバル化は進んだほうがいい。

グローバル化により、異文化交流が進み、さまざまな国の国民同士が互いに相手の文化をもっと理解するようになるだろう。たとえば、日本では韓国ドラマがヒットして、韓流ブームが起き、韓国語を習う人や韓国を旅行する人が増えた。韓国でも、日本語を学び、日本にやってくる人が多くなっている。いまのグローバル化の時代、もしある国が外国の文化を入れないようにしても、ネットを通じてどんどん入ってくる。そして、一般の人々のあいだで国際交流がどんどん進むので、歴史的な対立があったとしても、いずれ解消されていくだろう。

したがって、グローバル化が進むことは好ましいと考える。

反対の解答例

二〇〇八年にアメリカ発の金融危機が起こり、世界が同時不況に陥った。このように、グローバル化が進むと、一国の問題が世界中に波及してしまうことが明らかになった。では、グローバル化が進むことは好ましいのだろうか。

確かに、グローバル化には、プラスの面もある。たとえば、異文化交流が進み、さまざまな国の国民が互いに相手の国の文化についてよく知るようになり、相互理解が深まる。これが国同士の歴史的な対立をなくしていってくれるかもしれない。しかし、グローバル化が進むことは、マイナスのほうが大きい。

グローバル化が進んだことにより、アメリカの文化や社会システムがほかの国々にどんどん入ってきている。たとえば、ファーストフード店やコンビニエンス・ストアなどは、アメリカ発のものだ。こうしたアメリカ式の店が入ってくることで、どこの国でも昔ながらの商店がつぶれ、人々の生活も変化してしまう。このままでは、どこの国へ行ってもマクドナルドやコンビニがあって便利ではあるが、その一方で、その国の昔ながらの生活スタイルが失われ、どこもアメリカのようになってしまいかねない。このように、グローバル化は、実質的には世界のアメリカ化になりかねないのである。

したがって、グローバル化が進むことは好ましくないと考える。

国際関係についての基礎知識

「国際化」と「グローバル化」はどう違う？

ここが使える

「国際化」は、国と国の国境を越えて人や物の行き来が進むことをいいます。たとえば、日本人が海外に出て働くようになったり、逆に外国人が日本に来て働くようになることは、「国際化」です。

ここが使える

一方、**「グローバル化」は、国と国のあいだではなく、地球全体で人や物の行き来がいっせいに進むこと**をいいます。たとえば、世界のどこへ行ってもインターネットが使えるようになるといったことは、地球規模で進んでいることなので、「グローバル化」です。

なお、「グローバル化」が進めば、「国際化」も進むことになります。

グローバル化によって、国際機関の役割が高まる

グローバル化の時代以前、世界は国同士の力関係で動いていました。

第二次大戦後、世界はアメリカを中心とする西側と旧ソ連を中心とする東側の2つの陣

営に分かれてにらみ合い、互いに核兵器をどんどんつくって、いつ核戦争が起きてもおかしくない状態でした。日本は敗戦後、しばらくはアメリカの占領下に置かれていたので、アメリカ側につき、アメリカの核の傘に守られながら、経済発展しました。

しかし、1991年にソ連が崩壊すると、世界を動かすのは国同士の力関係だけではなくなりました。ソ連崩壊後、アメリカがただひとつの超大国になる一方、それに対抗して、ヨーロッパ諸国はEU（ヨーロッパ連合）をつくり、政治的にも経済的にもヨーロッパをひとつに統合しようとしています。

国際連合や世界銀行など、国際機関の役割も大きくなっています。

ここが使える

グローバル化により、さまざまな問題も国境を越えて広がるため、国際機関が対処しなければならないことが多くなっているからです。「国境なき医師団」のような非政府組織（NGO）も、国際的に活躍しています。非政府組織とは、国家がかかわっていない民間の団体のことです。

国同士で国際的な問題を解決しようとすると、どうしてもそれぞれの国の利益が絡んできます。そこで、

ここが使える

どこの国にも属さず、中立な立場にある組織が活動の場を広げているのです。たとえば、紛争が起きている地域で難民を助ける場合、中立的な立場の人たちでな

いと、危険なことがあります。そのため、国際機関や非政府組織の人たちが難民を助ける活動を引き受けているのです。

世界のアメリカ化が進んでいる

ここが使える

グローバル化を積極的に推し進めたのは、超大国アメリカです。そのため、**アメリカの文化が世界中に広がり、それぞれの国の伝統文化を押し退《の》けて生活に入り込んでいます。**たとえば、地球のどこへ行っても、インターネットが使えるし、ハリウッド映画が観られるし、ディズニーのキャラクターグッズが買えるし、マクドナルドのハンバーガーが食べられます。これがアメリカ化です。ただ、こうした状況は、アメリカに都合のいい世界をつくることだと批判されてもいます。

世界を動かす多国籍企業

ここが使える

「多国籍企業」は、いくつもの国にまたがって国際的な経済活動をする大企業のことです。グローバル化が進むとともに、多国籍企業も大きな力をもつようになりました。

多国籍企業は、ひとつの国の予算を優に上回るほどの豊富な資金を動かし、まさに地球規模で経済活動を展開しています。資源や安い労働力を求めて、発展途上国に進出して、その国の経済に大きな影響を与えています。だから、**世界経済を動かしているのは多国籍企業**とも言えます。

ここが使える

多国籍企業は世界の国々に対して大きな影響力をもちはじめており、多国籍企業が撤退してしまったら、経済が成り立たなくなるような国もあるほどです。

グローバル化が、かえって紛争の火種に

ここが使える

グローバル化が進むことで、世界情勢は政治的にはむしろ混沌《こんとん》としてきています。

2001年9月11日にアメリカで起きた同時多発テロは、超大国アメリカが支配する世界への抵抗とも言われています。イスラム世界は独自の文明と文化をいまも守っているため、グローバル化によりアメリカの文化が入ってくることを文化的な侵略と感じている人も少なくありません。だから、テロを行うことに使命感をもつ若者さえいます。

グローバル化が進んだことにより、かえって民族意識が高まっている地域もあります。たとえば、東欧の旧ユーゴスラビアは民族対立がもとで、内戦や紛争を経て、いくつかの国に分裂しました。こうした民族的な対立は世界のあちこちで、いまもくすぶっていま

す。

アフリカでは、宗教の違いや部族同士の資源の奪い合いがもとで内戦になり、多くの難民を出している国もあります。このように、グローバル化が進んだことで、かえって紛争が起きやすくなっているとも言えるのです。

南北問題とは？

ここが使える

「南北問題」は、豊かな国（先進国）と貧しい国（発展途上国）との経済格差、貧富の差の問題のことをいいます。豊かな国は地球の北半球に多く、貧しい国は南半球に多いことから、こう呼ばれるようになりました。

ここが使える

グローバル化が進む中、南北の格差がますます大きくなっているという見方もあります。

グローバル化が進んだことで、経済発展した国もあります。中国やインドやブラジルなどは、グローバル化の流れに乗って、急速に経済成長しています。しかし、そうでない途上国もたくさんあります。

アフリカ諸国には、天然資源はあるものの、それを自分たちで採掘して精製する技術と資本が十分にはありません。だから、先進国の企業が入ってきて、現地の人を安く使い、資源を先進国にもっていく事態が起こっています。そのため、途上国は資源があっても、独自の産業を発展させることがなかなかできず、経済的に自立するのが難しい。生活水準も上がらず、一般庶民は貧しい生活のまま。

ここが使える

アフリカで内戦や紛争が絶えないのは、根底に貧困があるからです。

国際協調がますます必要な時代

ここが使える

「国際協調」とは、さまざまな国際問題を解決するために世界の国々が協力することです。

たとえば地球温暖化は、それこそグローバルな問題なので、世界各国が足並みをそろえて温室効果ガスを出すのを減らす努力をしていかないと、よい方向には向かいません。また、今回の世界同時不況のような経済危機が起きた場合にも、各国が協調して対策をとっていかないと、不況が長引いて、世界中で失業者が増え、治安が悪化してしまいます。

ここが使える

このように、グローバル化が進むと、ひとつの国の問題が世界全体に波及するので、世界の国々はさまざまな面で協力する必要があるのです。

推薦図書

原康『国際関係がわかる本』岩波ジュニア新書

「国際関係」についての基本的な事柄は、この1冊でよくわかります。「国家」とは何か、外交の作法や国際社会のルールはいかにあるべきかといった基本的な問題から、冷戦後の新しい国際秩序のあり方まで、具体例に沿ってわかりやすく説明されています。冷戦以降、国際社会がどのように動いてきたのかを知りたい人は、必ず読むといいでしょう。

1999年発行なので、21世紀になってからの世界情勢については書かれていませんが、この本を読むことで最近の国際問題についても、その背景がきちんと理解できるようになるでしょう。

原康『国際機関ってどんなところ』岩波ジュニア新書

同じ著者の本で、国際機関はどんな仕事をしているのかを解説したものです。

グローバル化が進んで、地域紛争が頻発したり、環境問題が地球規模に広がるなど、国際社会が共同で立ち向かうべき、さまざまな問題が起こるようになりました。そうした中で、それらの地球規模の課題に取り組む国際機関の役割は、ますます大きくなっています。いま、国際機関がどんな課題に取り組んでいるのかを、この本で知っておくといいでしょう。国際機関の仕事を知ることで、国際社会が抱えているさまざまな問題が具体的に見えてくるはずです。

3
日本文化

日本文化についての問題は、さまざまな学部で出題されます。そのため、どの学部・学科を受けるにしても、絶対に理解しておくべきテーマのひとつです。

とはいっても、もちろん「日本文化について考えなさい」というように直接的に問われることはめったにありません。ほとんどの場合、具体的な出来事についての意見が求められます。

だから、ある程度の知識がないと、それが日本文化について問われていることに気づかないこともあります。しかし、日本文化の特徴などについてしっかりした考えをもっていれば、さまざまな事柄について、自分なりの答えを見つけ出すことができるでしょう。

課題

最近、その場の雰囲気を察知できない、またはその場にあわせた言動をしない人を、「空気が読めない」あるいは「KY」などといって非難する傾向があります。そうした傾向について、あなたはどう考えますか。（600字以内でまとめてください）

課題の解説

「KY」という言葉は、まわりの人がどう考えているかを理解しないままおかしなことをする人間をからかうときに使われます。「最近の人間は空気を読めなくなっている」と言われることも少なくありません。「もっと空気を読んで、その場にふさわしい行動をとるべきだ」ともよく言われます。

その一方で、「空気を読む必要はない。むしろ、これからは空気を読まないことが大切だ」と主張する人もいます。そのため、この言葉はよいことなのか悪いことなのか、時々、議論されています。

空気を読むということは、いちいち言葉にしなくても、状況を考え、他人の顔色をうかがい、その場の雰囲気に気づいて行動することです。「阿吽《あうん》の呼吸」なども同じような事柄を指しています。

この課題の背景には、日本社会の昔ながらの考え方があります。

日本では、昔から空気を読むことがよいとされてきました。会社でも、部下は上司の気持ちを察して行動し、その場の雰囲気にあわせて行動することが大切でした。他人の心を思いやり、自分の意見はあまり表に出さず、その場の雰囲気を大切にして、黙ってその場の雰囲気に従うことがよいこととされてきました。

つまり、自己主張しないで、まわりの人々にあわせて生きていくことが、日本では好まれたのです。だから、空気を読まない人間は、社会の中で生きていくのにふさわしくない人間として嫌われました。

ところが、西洋では日本ほど空気を読むべきだとは言われません。西洋人は、たとえ雰囲気を壊してでも、自分の考えを主張する傾向が強いようです。つまり、西洋では、まわりの人にあわせるよりも、自己主張をして、自分の考えをしっかりもつことが好まれるわけです。

このように、空気を大切にするというのは、必ずしも世界全体で通用する考えではありません。日本でとくに重視される考え方と言えるでしょう。

この課題について論じる場合、もちろん、「空気を読むことを重視するべきか」を問題提起するのが正攻法。その背景に日本人の考え方があることを踏まえて書いてこそ、鋭い小論文になります。

空気を読むことに賛成する意見と反対する意見をまとめると、次のようになります。どちらの立場で書くにしても、反対の立場の意見をしっかりと踏まえて論じることが大切です。そうすることによって、論がより深まります。

賛成の意見例

・空気を読むことは、他人の気持ちを理解することだから、みんなで仲良くでき、おだやかで、他人と心を通わせ合う場をつくることができる。空気を読まない人がいると、的外れなことをして、和気あいあいとした雰囲気が悪くなる。

・空気を読むことは、自分中心にならないで、お互いを思いやり、相手を大切にして遠慮し合うこと。そのような思いやりがあってこそ、社会は平和になる。いまの自己中心的な社会を改めるためにも、空気を読むことは大切である。

・議論をすると、どうしても後味が悪くなって、仲が悪くなったりする。それよりは、空気を読んで、対立しないように気をつけて、その場の秩序を大切にするほうがいい。

・空気を読むことは、他人の気持ちや考え、顔色などを読み取り、それを総合的に判断すること。口に出していないことも含めて考え、先を読んで行動することなので、こうした態度は、社会で利益を生む仕事をするためにも大切である。

反対の意見例

・空気を読むということは、自分の意見を言うのを我慢して、場の雰囲気にあわせることである。それは、個人の考えを抑圧することにつながる。場の雰囲気を壊しても、自分の意見を自由に言うほうが、これからの時代にふさわしい。

・空気を読むことを重視すると、相手に遠慮して自分の意見を言わなくなる。それよりは、はっきりと自分の意見を言い合って、議論してから決定するほうが、全員の意見をはっきりさせることができる。

・空気を読むことを重視すると、みんなが全体にあわせてみんなと同じ意見になるように判断してしまう。そうなると、みんなと別の意見をもつ人をのけ者にしてしまう。その結果、みんなが同じような考えをするようになり、社会が発展しなくなる。それは、いろいろな考えを認めようとする民主主義の考えにも、ふさわしくないことである。

賛成の解答例

しばらく前から、その場の空気を察知できない人を「KY」と呼んで非難する傾向があるという。このように非難することはよいことなのだろうか。

確かに、自分の考えを出さないで、何もかも空気を読んで、それにあわせようとしたり、空気に反対する人をひどく非難してのけ者にしたりするのはよいことではない。それがひどくなりすぎると、一人ひとりの考えを尊重しないで、みんなにあわせなければならない社会になってしまう。だが、空気を読むことは大切である。空気を読まない人を非難するのは悪いことではない。

空気を読むということは、自分のことばかり考えないで、周囲に気を配ることである。そして、自分の考えを通そうとしないで、周囲のことを考えて行動することである。そうするほうが、自分の考えを上手に相手に伝えることができる。空気を読まないで自分の意見を言っても、受け入れてもらえないことが多いだろう。つまり、空気を読むというのは、周囲の人と自分の関係をしっかりと読み取って、コミュニケーションを上手に行うために必要なことなのである。

以上述べたとおり、空気を読むことはコミュニケーションのために大切なことである。したがって、「KY」と呼んでそれができない人を非難するのは悪いことではない。

反対の解答例

しばらく前から「KY」などといって空気を読めない人を非難する傾向があるようだ。これに対して、「空気を読めなくてもいい」という人もいる。空気を読めない人を非難する傾向はよいのだろうか。

確かに、空気を読むということは、自分のことばかり考えて主張するのではなく、周囲の人のことを考え、自分以外の人を尊重して、他者を思いやることである。いまの世の中は多くの人が自己中心に考えて勝手なことをしているので、それを改めるために空気を読むことも大切だろう。そうすることで、和気あいあいの雰囲気を保つことができる。しかし、空気を読むのを重視するのは、これからの社会にとってはよくないと私は考える。

空気を読むということは、自分の意見を言うのを我慢して、場の雰囲気にあわせることである。つまり、何か言いたいことがあっても、空気を読んで我慢したり、別のことを言ったりすることがあるだろう。それは、個人の考えを抑圧することにつながる。これでは、これからの時代にふさわしい社会にならない。周囲の人にあわせようとするのでなく、場の雰囲気を壊してでも自分の意見を言ってこそ、自由で個性的な場ができるのである。

以上述べたとおり、私は空気を読むのはよいことではないと考える。空気を読まないことも大切なのである。

日本文化についての基礎知識

日本文化の特徴、集団主義とは?

世界にはさまざまな民族があり、それぞれの民族には特有の文化があります。ここでいう「文化」とは、人々の考え方や風習のことです。日本には日本の文化があり、多くの点でほかの地域の文化と異なっています。

ここが使える

日本文化の特徴としてよく指摘されるのは、「集団主義」です。集団主義とは、ひとことで言えば、個人よりも集団を重視する考え方のことと言えます。生活が西洋化して、以前よりも日本の集団主義は弱まったと言われますが、それでもまだ個人主義の傾向の強い西洋人にくらべて、集団主義の意識が根強いと言われています。

日本は島国であり山が多いことから、日本人は村人が狭いところに集まって暮らしていました。そして、稲をつくるために水が必要で、そのためには集団で水を引いて田植えをしなければなりませんでした。その結果、みんなが同じような考え方をし、集団で行動するようになったと言われています。

行動や制服にも、日本人の集団主義はあらわれている

ここが使える

集団主義の基盤には、個人よりも集団を重視する考えがあります。

日本人は、西洋人にくらべて、集団で行動することが多いと言われます。たとえば、会社の昼休みや仕事のあとで食事に出る場合、西洋人は1人か2人で出かけます。ところが日本人は、何人もで同じところに食べに行く傾向があります。日本の会社では集団で行動する宴会も多く、かつては、社員全員で温泉地に行って楽しむ光景もよく見られました。つまり、個人の意思はあまり重視されず、みんなの意思が優先されたわけです。

ここが使える

日本人の服装にも、集団主義の傾向があらわれます。

ほとんどの学校に、制服が指定されています。制服がなくても、みんなが同じような服装をします。たとえば、就職試験や会社訪問は、みんなが同じようなリクルートスーツを着て、ビジネスマンもほとんどが同じような地味なスーツを着ています。ほかの人と違った服装をすることをためらう人が少なくありません。

ここが使える

日本人の集団主義は、こんなところにも

日本人のさまざまな行動は、集団主義によるものだと言われています。

日本人は、言いたいことがあっても、はっきりと主張しません。会議の席などでも、堂々と議論するのを嫌う傾向が強いようです。多くの人が黙ったまま、目上の人の命令に従うことが多く、わざわざその場の雰囲気を壊すまいと考えるわけです。

だから、議論を徹底的に戦わせて物事を決めるのではなく、持ち回りで責任者を決めたり、妥協して物事を決めることになります。

他者に対する親切心、思いやり、丁寧なサービスにも、このような態度はあらわれます。お店に行くと、西洋などではつっけんどんな態度をとられて不愉快になることが多々ありますが、日本では店員は客に対して親切で丁寧。思いやりをもって接してくれます。

お店での包装やサービスも行き届いており、電車内や駅などでのアナウンスも日本では多くなされます。駅では「黄色い線の後ろに下がって……」、電車内でも「次の停車駅は……」「忘れ物のないように……」などとアナウンスひっきりなしです。西洋では、その種のアナウンスはほとんどなく、知りたい人が自分の責任で尋ねればいいという考えです。

日本人が他人の目を、とても気にする理由

ここが使える

他人の目を気にするのも、日本人の集団主義のあらわれと言えます。

西洋では、何かの行動がよいか悪いかを考えるとき、それが「正義」であるかどうかを考えます。昔から、絶対神への信仰をもっていたからでしょう。常に神に見られているという意識があるので、神様の前で、それが正義かどうかが問われるわけです。

ところが、日本人の場合、判断の基準になるのは、他人の目です。「ほかの人から見て恥ずかしいかどうか」を考えます。だから、悪いことをした場合、「人様に向ける顔がない」「世間様に顔向けできない」と考えるのです。そのため、日本人は他人の目を西洋人よりも気にすることになります。

集団主義のプラス面は？　マイナス面は？

ここが使える

もちろん、日本人の集団主義にはプラス面もたくさんあります。最も好ましいのは、自分の意見を我慢して集団を重視するために、なごやかで平和な状況が続くことです。しかし、このような意識にも、マイナス面があることを忘れてはいけません。

ここが使える

最も問題なのは、個人が軽視されることです。

和を大切にして、自分の意見を言わないことは、個人が重視されないことを意味します。日本人は自分の意見をしっかりもち、それを発信することを嫌います。目立たず、静かにしていることを好むのです。何かを言いたくても、自分を押し殺してしまいます。

また、個人意識が弱いので、しっかりと自分の責任をとろうとしません。リーダーシップをもつ人が少なく、他人に甘える傾向が強い。集団とともに行動しようとします。

これでは、これからの時代にふさわしい態度とは言えません。自分の意見をしっかり言ってこそ、社会に出て活動できます。ところが、日本人は何も言えない傾向が強く、議論が苦手なのも、そうした日本人の傾向に原因があります。

民主主義をおびやかす可能性も

ここが使える

もっとよくないのは、**個人よりも集団を大切にすると、みんなが同じ価値観をもち、別の価値観が認められないこと**です。しかも、別の価値観の人間があらわれると、その人を排除してしまいます。

ここが使える

これは民主主義にとって好ましい傾向とは言えません。**民主主義は、さまざまな考えを**

許容して、それぞれ議論していこうという考え方です。みんなが同じ考えをもって、別の考えの人間を抑圧するのは、民主主義に最もふさわしくない行為です。

これは、グローバル社会のあり方にも反します。グローバルな社会では、さまざまな民族がともに暮らし、それぞれの価値を認め合う必要があります。ところが、みんなに同じような価値観を強要する社会では、それができなくなってしまいます。

集団主義が弱まっても、個人意識は育っていない

このようなプラス面とマイナス面をもつ集団主義ですが、最近では、以前よりはかなり弱まっています。

ここが使える

しかし、だからといって、個人意識が成熟しているわけではないところが問題です。

確かに、以前にくらべて日本人は自己主張するようになりましたが、しっかりした自分の考えをもち、別の価値観を認めて、そのうえで議論する傾向が強まったとは言えません。みんなで飲みに行ったり、大きな集団で行動することは減りましたが、相変わらず小さな集団に閉じこもり、別の価値観の人と交流しない傾向は根強くあります。

ここが使える

集団の規模は小さくなったものの、集団主義の傾向はそれほど変わっていないのです。

推薦図書

中根千枝『タテ社会の人間関係』講談社現代新書

出版されて40年以上がたつ少し難しめの本ですが、日本社会のあり方を鋭く突いた名著として有名。

ここで言われる「タテ社会」とは、上下関係に厳しい社会のことではありません。インドやヨーロッパの社会では、たとえ見知らぬ人であっても、同じ階層、同じ職業の人と連帯感をもちます。たとえば、旅行ガイドを仕事にしている人は、同じ会社の別の仕事をしている人よりも別の会社の旅行ガイドと仲間意識をもつといいます。それを著者は「ヨコ関係」と呼びます。それに対して、日本では、同じ場にいる人間同士が連帯感をもち、よその会社の旅行ガイドとよりは、自分の会社の経営者、旅行企画者など、同じ場にいる人と仲間意識をもちます。

本書は、そんな日本社会にどんな特徴があるのかを分析しています。遠慮がちで閉鎖的な日本人の特徴などがよくわかり、目を見開かされる思いがするでしょう。

鴻上尚史『「空気」と「世間」』講談社現代新書

テレビにもしばしば出演している演出家による日本文化論。「空気を読む」ことから論を始めて、「空気」と「世間」と「社会」の関係を読み解いていきます。歴史的に日本人がどんな存在だったか、それが最近どう変化しているか、それが日本語にどうあらわれているかについても、わかりやすく説明しています。

著者は、現在は、「世間」が壊れて「空気」が流行する時代、つまり共通の利害をもつ人の共同体がなくなって、共同体の匂いのする「空気」を求める時代だと捉えます。そして、現代人のさまざまな行動をその枠組みの中で説明していきます。さまざまな事象を考えるヒントになる本です。

4
福祉

福祉というテーマは、福祉学系の学部はもちろん、それ以外にもさまざまな学部で出題されます。

医学部や看護・医療系の志望者は当然、押さえておくべきテーマですし、ボランティア関連の問題は、教育学部でも出題されることがあるので注意が必要です。

また、福祉の問題は、高齢社会の現状とも深くかかわっているので、高齢者福祉や社会保障制度については、社会学部系の志望者もひととおり押さえておくといいでしょう。

とりわけ、大きな災害の起こった年の翌年は、福祉やボランティア関連の問題が出される傾向が強いので、そうした点も頭に置いておいてください。

課題

最近では、学校教育のカリキュラムのひとつとして、ボランティア活動を生徒に義務化する動きがあります。このことについて、あなたはどう考えますか。（６００字以内でまとめてください）

福祉

課題の解説

最近は、学校教育の中で、生徒にボランティア活動を義務化する動きがあります。たとえば「奉仕の時間」として、生徒に福祉施設などでボランティアを体験させて、単位に加えるなどのケースです。

また、「ボランティア活動をすると、調査書に記入されプラスになるため、進学や就職の際に有利になる」という利己的な理由でボランティア活動をする生徒もあらわれ、ボランティアの本来の意味が問われています。今回の課題には、そういった背景があります。

そもそも、ボランティア活動の意味とは何でしょうか。

ボランティアとは、もともとは「志願兵」「自ら申し出る」といった意味の英語で、日本では、「お金をもらわずに、人や地域のために働くこと」を指しています。たとえば、高齢者の介護や地域のゴミ拾い、子どもたちの防犯のためのパトロール、地震などの災害が起こったときに被災者を助けにいくことなどが、ボランティア活動の例です。

ボランティア活動は、欧米では日本よりもさかんです。

これには、他人を愛することがキリスト教の重要な教えとして存在しているなど、宗教的な背景が大きいと言えます。日本には、そういった宗教的背景はありません。

また、地域社会の力が強かった昔では、ご近所の助け合いという形でボランティア的なことも行われていましたが、地域社会がくずれてきて、いまの日本人は他人に無関心になっています。そういったことから、いまの日本ではボランティア活動を行うのは、かなりボランティア活動に関心の高い人か、高齢者など時間に余裕のある人に限られています。

学校教育にボランティア活動が取り入れられたのは、生徒がボランティア活動を通じて、他人のために尽くしたり人とかかわったりすることが、生徒にとって人格を磨くためのよい教育になるという判断からでしょう。しかし、興味のない生徒に無理にボランティア活動をさせることは逆効果、といった批判もあり、賛成・反対が分かれています。

学校教育におけるボランティア活動の義務化に賛成する意見と反対する意見をまとめると、次のようになります。ボランティアの意義について深く考えれば考えるほど、鋭い論になります。いずれの立場で論じるにしても、反対の立場の意見をしっかり意識したうえで論じましょう。

賛成の意見例

・ボランティア活動を通じて、人とつながることの喜びや、人に奉仕することの満足感が学べる。地域社会がくずれ、他人とのつながりが薄くなった現代では、そうした価値が学べる機会は少ない。学校では学べない価値を社会の中で学び、社会性を身につける場として、ボランティア活動の義務化は必要である。

・ボランティア活動にもともと関心があって、自ら積極的に取り組むような生徒は少数である。ほかの大多数のボランティア活動に関心のない生徒に対しては、義務化によってボランティア活動を体験させ、ボランティア活動の価値を少しでも感じるきっかけにすることができれば、意義は大きい。

・人生にとって大切なことは、いい就職をする、お金をたくさん稼ぐなど、自分だけのためにがんばることだけではない。ボランティア活動のように、他人のために役に立っていると感じていることでも、十分に満足感が得られるし、自己実現ができる。ボランティア活動を通じてそうした価値を知ることは、生徒の価値観を広げ、人生を豊かにする。

反対の意見例

・強制的にボランティア活動をやらされることによって、生徒たちはかえってボランティア活動が嫌いになってしまう。また、いやいやする生徒を受け入れる施設など、心のこもっていない中途半端なボランティア活動を受ける側にとっては、ボランティア活動の義務化は迷惑なだけである。

・ボランティア活動は、自ら進んで自発的に行うことではじめて価値が生まれる。自分からやるからこそモチベーションも高まるし、満足感も得られる。学校で強制的にやらされるボランティア活動は、労働であってボランティアではなく、ゆがんだボランティア精神を身につけることになり、逆効果である。

・ボランティア活動として、他人に奉仕することに関心の高い生徒も、まったく興味がもてない生徒もいる。それを一律に義務化して強制することは、善意の押しつけであり、学校教育としてかたよりがある。さまざまな価値観を認めることが民主主義的な教育の基本であり、ボランティアの義務化はそれに反している。

賛成の解答例

最近、授業のカリキュラムのひとつとして、ボランティア活動を生徒に義務づける学校が出てきている。ボランティア活動の義務化は、望ましいことなのだろうか。

確かに、もともとボランティア活動に興味・関心のない生徒たちが、強制されていやいやするのであれば、受ける人たちにとっては失礼であり、迷惑にしかならないだろう。ボランティア活動を受け入れる施設にとっても、忙しい仕事の中で、素人の不慣れなボランティア活動を受け入れるというのは、面倒なことでしかないかもしれない。しかし、それでもボランティア活動の義務化には大きな意味がある。

最近では、地域社会がくずれ、生徒たちが大人と触れる社会体験の場が減っている。人と人のつながりが薄くなっている現代社会では、自分のことしか考えない生徒が増えている。そのような状況にある生徒たちにとって、ボランティア活動は、人とつながることの大切さや、他人のために行動し、感謝してもらうことの価値や充実感を知ることができる貴重な体験である。ボランティア活動は、生徒たちの人格を教育し、社会性を身につけるための、ふだん学校では学べない重要な学びの場である。だからこそ、義務化して、すべての生徒が体験するに値する活動であると考える。

したがって、私はボランティア活動の義務化は望ましいと考える。

反対の解答例

最近、授業のカリキュラムのひとつとして、ボランティア活動を生徒に義務づける学校が出てきている。ボランティア活動の義務化は、望ましいことなのだろうか。

確かに、ボランティア活動を義務化することによって、もともと興味・関心のない生徒にもボランティアを体験させることができる。それをきっかけに、ボランティア活動の意外な楽しさや、充実感を得る生徒も出てくるだろう。そうすれば、ボランティア活動が一部の人だけのものでなく、より多くの人が自然にできる、身近な存在になっていくかもしれない。しかし、ボランティア活動の義務化は望ましいことではない。

ボランティア活動を義務化することで、ボランティア精神がゆがんで理解されてしまう。ボランティア活動は、そもそも自分から進んで他人のために奉仕することに意味がある。そうした自発性があってはじめて、誇りや充実感が生まれる。学校で強制されていやいやするのでは、ボランティア活動の本当の喜びを感じることはできない。強制されて奉仕することは、自発的に奉仕するというボランティア精神とは逆の態度であり、ボランティア活動を強制するという矛盾は、ボランティア活動を誤解し、嫌いになる生徒を増やす結果にしかならない。

したがって、私はボランティア活動の義務化は望ましくないと考える。

福祉についての基礎知識

ここが使える

共生社会とは？　実現するには？

共生社会とは、自分ひとりだけではなく他人とともに生きていく社会のことで、**福祉のめざす社会の理念**です。共生社会では、高齢者や障害者も、普通の人と同じように自然に生活していけることを理想としています。

ただし、そうした共生社会を実現するには、理想だけでなく、国民の福祉についての理解と、経済的な負担を受け入れる覚悟が欠かせないと言えます。

ここが使える

高齢者福祉の現状と問題点

現在の日本の高齢者福祉は、かつてとくらべて、より深刻な状況になっています。**社会の少子高齢化が急速に進み、福祉が必要な高齢者が増えている一方、それを支える現役世代が少なくなってきている**からです。

こうなると、必要な福祉のレベルを保つのが難しくなります。そのため、年金をもらえる年齢が引き上げられるなど、実際に高齢者福祉の質の低下があらわれ始めています。
また、高齢者が高齢者を介護する、いわゆる「老老介護」の問題や、誰の介護も受けられないで孤独死する高齢者が増えているなど、より深刻な問題も生まれています。

日本は福祉先進国になれる?

こうした問題を踏まえ、もっと福祉を充実させるべきだという意見もあります。
その際、スウェーデンやデンマークなど、北欧の福祉先進国がよくモデルにされますが、これらの国は、高い福祉レベルを実現するために、税金が大変高く設定されています。

ここが使える

福祉を充実させるための高い負担に国民が納得するのは、政府がきちんと福祉政策を行ってくれる信頼があるからです。

しかし、日本では、政府の年金管理が甘かったり、福祉政策がしっかりしていないので、国民の政府に対する信頼が高くありません。だから日本では、社会福祉に頼りすぎず、自分で老後資金をためるなど、自分の努力が大切と考えている人が多いのです。社会福祉の充実は、こうした問題を踏まえたうえで、考える必要があります。

福祉を考えるときには、少子高齢化とセットで

福祉のテーマを考えるとき、その背景にあるのが少子高齢化です。

いまの日本では、世界で最も早いスピードで少子高齢化が進み、このままでいくと、近いうちに人口の3人に1人が65歳以上の高齢者になると言われています。

では、少子高齢化が進むと、どのような問題が出てくるのでしょうか。

最も深刻なのは、福祉のための負担の増加です。

少子高齢化が進むと、より多くの高齢者を、より少ない現役世代が支えることになります。そのため、（ここが使える）**若い世代を中心に負担は増え、福祉のレベル自体も落としていかざるを得なくなる**のです。

また、若者が減って高齢者が増えるということは、労働力人口が減り、国から活力が失われることを意味します。（ここが使える）**少子高齢化が進むことで、日本が衰退してしまう**のです。

だから、少子高齢化を食い止めるためにさまざまな対策をとったり、高齢者も福祉に頼るだけでなく、自ら働きつづける努力などが求められるようになっています。

ここが使える

福祉における世代間格差

福祉のメリットを考える際、世代間の格差が問題になります。

少子高齢化が進んでいるため、将来の福祉水準は間違いなく低下します。いまの高齢者が受けているような福祉を、いまの若い世代は、自分が高齢者になったときに受けられません。それどころか、払った年金保険料も取り返せない「払い損」になるかもしれません。それがいやで、年金保険料を払わない人が若い世代を中心に増え、福祉制度がゆらいでいます。

確かに、個人の問題としてだけ考えれば、福祉制度のための保険料を払わず、すべて自分の努力で備えるという行動にも合理性はあります。ただし、社会全体のことを考えると、公共の利益や世代間の支え合いを考えず、保険料を払わない人が増えると、福祉制度は崩壊し、いざというときの助けや、社会的弱者のための助けがない、弱肉強食のぎすぎすとした社会になってしまうおそれがあります。

福祉の重要性を考えると、やはり若い世代もきちんと保険料を払って、福祉制度を維持していくことが望ましいでしょう。

ただし、いまの福祉制度は、高齢者中心のものになりすぎている面もあるので、たとえば、厳しい雇用状況にある若い世代の雇用に関する福祉を充実させるなど、**若い世代も福祉のメリットを感じられる福祉政策を、政府がきちんと打ち出していく必要があります。**

バリアフリーとは？

「バリア」とは英語で「障壁」の意味で、**「バリアフリー」とは、障害者や高齢者が生活するうえで壁になるものを取りのぞき、障害者や高齢者も普通の人と同じように生活できるようにしようという考え方**です。

具体的には、車イスで進めない段差をなくしたり、階段をなくして、代わりになだらかなスロープを設置することなどで、公共の施設を中心に、バリアフリー化が進められています。ほかにも、障害者でも利用できるトイレの設置や、ノンステップバスの導入なども、バリアフリー化の実例と言えるでしょう。

しかし、こういった施設面での取り組みだけでなく、**私たちの心の中から、障害者や高齢者に対する偏見や差別的な考え方を取りのぞくという、いわば「心のバリアフリー」も大切**で、その重要性に対しての認識をさらに深めていく必要があります。

障害者の自立に必要なものとは

障害者は、両親をはじめとする身内の人に身のまわりの世話や生計を補助してもらっている場合がほとんどですが、たとえば両親の高齢化など、将来の不安があります。そのため、障害者もある程度自立して、自分で生活できるようになることの重要性が言われるようになりました。

ここが使える

障害者の自立のために最も大切なのは、安定した収入を得られる職業を得ることです。障害者の雇用については、法律によって、企業に対して一定割合の雇用義務が定められています。また、障害者をひとり雇用するごとに、国から補助金も出ます。しかし、最近の深刻な不況の影響で、障害者の雇用も思うように進んでいません。

豊かな福祉社会を実現するには、私たちが職場で障害者とともに働くことを当たり前、自然なことと思うようになること、障害者を積極的に雇用する企業を社会がより高く評価するようになることなど、社会全体の意識を変えていくことが大切です。

推薦図書

結城康博『介護――現場からの検証』岩波新書

いまの日本で福祉の問題を考えるとき、中心的なテーマとなっているのが、高齢者に対する福祉です。この本では、高齢者介護の現場についての詳細なレポートによって、現在の高齢者福祉の問題点を浮き彫りにしています。

著者は、研究職につく前はケアマネージャーとして活躍していたので、現場についての記述にはリアリティがあり、高齢者福祉の問題が待ったなしの切実な問題として迫ってきます。高齢者自身の問題のほか、福祉の現場で働く介護職の人々の抱える問題、介護保険制度など政治的な制度の問題まで、幅広い視点からの論が展開されています。

秦辰也『ボランティアの考え方』岩波ジュニア新書

ボランティアについて考えるための参考図書として、ぜひおすすめしたいのがこの本です。「ボランティア活動の最もよいところは、人や社会とよりよくつながることができる点」というのが筆者の主張の中心ですが、東南アジアでのボランティア活動をはじめ、豊富な実体験から導き出された主張には説得力があります。

また、日本ではボランティアはなぜ根づかないのかといった考察も鋭く、障害者に対するボランティア、災害復興のボランティアなど、ボランティアの種類も幅広く扱われていて、充実した読み応えのある1冊です。

5
情報社会

情報化の進展は、現代社会を特徴づける最も大きな特質のひとつです。

情報社会についての問題は、情報系の学部だけでなく、さまざまな学部で出題されます。現代社会について考える際に、絶対に押さえておかなくてはいけないテーマです。

具体的には、インターネットや携帯電話の可能性や問題点などが出題されることが多く、ほかのテーマであっても、情報化の問題と結びつけることで、論が深まることも少なくありません。

情報社会がいまどうなっているのか、具体的にどんな問題点が論じられているのかなど、基本的な知識を身につけておきましょう。

課題

インターネットの普及が急速に進んで、いまや小学生や中学生の多くも日常的にインターネットを利用しています。このような状況に対して、小中学生のインターネット利用には問題点も多いので、ある程度規制するべきだという意見もあります。あなたはどう考えますか。（600字以内でまとめてください）

課題の解説

インターネットとは、コンピュータを使えば誰もがアクセスできる、コンピュータ上のネットワークのことです。いまでは携帯電話でも、自由にインターネットにアクセスできるようになっています。

インターネットに接続すれば、私たちは欲しい情報をすぐに手に入れることができます。自由に買い物もできます。見たい映像を見ることも、聴きたい音楽を聴くこともできます。ふだんなかなか会えない人と連絡をとりあうことも、簡単にできるようになりました。

それだけではありません。ブログやホームページをつくって、自分の考えや日々の出来事を、世界中に発信できるようになりました。それまで知らなかった人と知り合うこともできます。遠くの国で起こっていることをリアルタイムで知ることも、世界中の人と交流したり意見を交換することも、インターネットを使えばできます。

しかし、その一方で、さまざまな問題も起こっています。

インターネットを使えば、欲しい情報だけでなく、余計な情報、有害な情報も入ってきます。簡単に情報を発信できる分、無責任な情報も増え、どの情報が正しいのか、信頼できるのかがわからなくなります。さらに、いまでは私たちは、会おうと思えばすぐに会える友人にまで、Eメールを使ってコミュニケーションをとりがちです。買い物をするにも誰かと連絡をとるにも、人との生の接触をする必要がなくなっているのです。

ほかにも、インターネットは犯罪につながりやすいという問題もあります。

誰もが簡単にアクセスできて、クリックひとつでお金を動かせるので、犯罪者にとってこれほど利用しやすいものはないわけです。インターネット上にうっかり個人情報を書き込んで、それが流出してしまうと、誰に悪用されるかわからない危険も常にあります。

こうしたことが、子どもたちにどんな影響を与えるでしょうか。

現在、インターネットを利用する割合は、小学1年生で約5割、6年生では約9割に達しています。8割以上の子どもが、宿題などの調べものにインターネットを利用する一方で、ひまつぶしやオンラインゲームに使うことも普通になっています。子どもたちにとって、インターネットは生活になくてはならない、ごく当たり前のものになっているのです。

それにもかかわらず、保護者の多くは、子どもにインターネットの適切な使い方を教えていません。有害サイトにアクセスさせないように注意するという意識も、それほど強くありません。

そうした状況も踏まえたうえで、小中学生のインターネット利用にはある程度の規制が必要なのか、それとも必要ないのか、しっかりと考えて判断する必要があります。

賛成の意見例

・従来のメディアと違って、インターネットには子どもも大人も平等にアクセスできる。しかし、子どもには、インターネット上の情報が有益か有害かを判断する力は、まだ身についていない。それだけに、大人がきちんと判断して、子どもが有害な情報にアクセスしないように気をつけるべきだ。

・人間は、他人との生のコミュニケーションを通して成長し、自分らしさを獲得していく。それなのに、子どものうちからインターネットばかりやって、ほかの子どもと外で遊ばなくなると、他人との生の接触が減ってしまう。そうならないために、インターネットをある程度規制して、子どもたちがもっと外で遊ぶようにするべきだ。

・子どもは、身のまわりから始めて少しずつ世界を広げていき、知識や生き方の知恵、コミュニケーション力を身につけていく。しかし、インターネットは、まだ知識のない子どもを、いきなり大人と同じ世界に放り込んでしまう。それでは、子どもが段階を追って健全に成長できないおそれがある。そうならないよう、ある程度の規制は必要だ。

反対の意見例

・かつての子どもが、子ども同士で外で遊んだり喧嘩したりしながら社会で生きる知恵を学んでいったように、いまの子どもは、インターネットを通して、情報社会を生き抜く知恵を学んでいる。規制をすると、子どもたちがインターネットの適切な使い方を自分自身で身につける機会をむしろ奪ってしまう。

・いまではインターネットはなくてはならないものになり、インターネットなしの生活は考えられなくなっている。それを規制して、インターネットを子どもたちの生活から遠ざけると、子どもたちは成長してもインターネットを使いこなすことができず、社会に適応できなくなるおそれがある。

・かつての子どもたちは自分の身のまわりで世界が完結していたが、いまではインターネットを通して広い世界を知ることができるようになった。それにより、子どもたちの可能性はむしろ広がっている。それを一方的に規制するのではなく、むしろインターネットを通して子どもたちの可能性が広がるように、大人がサポートするべきだ。

賛成の解答例

小中学生の多くがいまや日常的にインターネットを利用している。それに対して、こういう状況は好ましくないという見方もある。はたして、小中学生のインターネット利用はある程度規制するべきなのだろうか。

確かに、インターネットを規制すればいいというものではない。いまの社会にとって、インターネットはなくてはならないものになっている。それを規制して、子どもたちの生活から遠ざけると、インターネットについて自分から学ぶ機会を子どもたちから奪うことになるかもしれない。しかし、私は、ある程度の規制はやむを得ないと考えている。

子どもたちの多くは、ひまつぶしやオンラインゲームのためにインターネットを使い、外で友達と遊ばなくなっている。しかし、成長期の子どもは、外で友達と遊ぶことで、どうすれば人とうまくつきあっていけるかを学ぶ。そうやって、社会性を身につけ、自分らしさを獲得していく。それなのに、子どものうちからインターネットばかりやって、外でほかの子どもと遊ばなくなると、社会性が身につかないまま大人になってしまう。そうならないために、インターネットをある程度規制して、もっと外で遊ぶようにするべきだ。

このように、私は、子どもたちの成長のためには、小中学生のインターネット利用をある程度規制するのはやむを得ないと思う。

反対の解答例

インターネットは、いまや小学生や中学生も普通に使うほど普及している。だが、そうした状況には問題点が多いので、小中学生がインターネットを利用するのをある程度規制するべきだという意見もある。その意見は、正しいのだろうか。

確かに、子どもにインターネットを自由に使わせるのは、危険な面がある。子どもには、インターネット上の情報が有益か有害かを判断する力はまだ身についていない。大人がきちんと判断して、子どもが有害な情報にアクセスしないように気をつけるべきかもしれない。しかし、それでも、私は小中学生のインターネット利用を規制すべきではないと思う。

いまでは、インターネットは私たちの生活になくてはならないものになっている。インターネットで情報を得たりコミュニケーションをとるのが、当たり前の社会になっている。それなのに、インターネットを子どもたちの生活から遠ざけると、子どもたちはインターネットを使いこなす方法を身につけないまま、大人になってしまう。そうして、いきなり進化した情報社会に放り込まれて、それに適応できずにかえって混乱してしまうおそれがある。そうならないためには、一方的に規制するより、子どもたちが自分自身でインターネットの適切な使い方を学べるようにサポートするほうが好ましい。

以上のように、私は子どもたちのインターネット利用の規制はすべきではないと考える。

情報社会についての基礎知識

情報社会はどんな社会?

ここが使える

情報社会とは、ひとことで言えば、情報が大きな価値をもつ社会のことです。

かつての社会では、農業や工業などのように、モノをつくることが価値を生み出すもとになっていました。汗水たらして働き、その結果としてつくられたモノ（農産物や工業製品）をお金に換えていました。ところが、**現在では、情報を早く手に入れること、そしてそれを発信することが、モノをつくるより大きな価値を生み出すようになっています。**

ここが使える

世界中の情報を集め、分析し、その中から価値のある情報を選び、それを必要としている人に向けて発信する――先進国では、そうした情報の収集・分析・発信を扱う産業が急速に発達しています。農業や工業も、いまやそうした情報の分析なしには成り立たなくなっています。消費者が何を求めているかを分析し、それにもとづいて商品開発をし、その新商品についての情報を的確に伝えなくてはいけないのです。

ここが使える

情報革命（IT革命）で、社会はどう変わったか

さらに、**1990年代以降、「情報革命」（IT革命）と呼ばれる社会の変化によって、私たちの生活そのものが大きく変わりました。**

パソコンの普及によってコンピュータが身近になり、インターネットが登場して、私たちはいつでも世界中の情報ネットワークに接続できるようになりました。私たちは、かつてとはくらべものにならないほどの大量の情報に取り囲まれて暮らしています。

しかし、必要な情報が簡単に手に入る一方で、必要のない情報も大量に目に入ってきます。そうした中で、私たちは、自分にとって本当に必要な情報とは何かがわからなくなってしまっている危険もあります。

ここが使える

情報社会はコンピュータ社会

情報社会はコンピュータ社会とも言われます。コンピュータの発達によって、大量の情報を人間の頭脳よりも、ずっと速く処理できるようになりました。

私たちが身近に使っている家電製品のほとんどが、いまではコンピュータによって制御

されています。冷蔵庫や洗濯機、炊飯器、エアコンなど、すべてそうです。交通機関の運行管理から、銀行などの預金の管理まで、社会の隅々でコンピュータが使われています。

ここが使える

いまや私たちの生活は、コンピュータなしでは成り立たなくなっているのです。

しかし、それだけに危険も多く、コンピュータのちょっとした誤作動が、大きな被害をもたらすことがあります。たとえば、航空管制システムが故障して飛行機が離着陸できなくなったり、銀行のＡＴＭのシステムが壊れてお金が引き出せなくなるなどのトラブルが、実際に起こっています。

私たちのほとんどは、コンピュータの仕組みを理解していません。そのため、コンピュータがトラブルを起こしても、対処できない。

ここが使える

コンピュータが社会に浸透すればするほど、人間にはコントロールできない領域が広がることになるわけです。

また、コンピュータが、人間を管理する手段として使われていることも忘れてはいけません。住基ネット（住民基本台帳ネットワークシステム）の導入によって、国民は行政機関に個人情報を管理されることになりました。自分のスケジュールを会社のコンピュータで管理されているビジネスマンも少なくありません。

ここが使える

このように、**人間がコンピュータを使うのではなく、コンピュータによって人間がコン**

トロールされる社会になってきていることも否定できません。

インターネットのメリットをまとめると

日本国内でのインターネットの普及率は、すでに7割を超えています。インターネットは、私たちの生活にとって身近で日常的なものになりました。

ここが使える

インターネットの普及は、社会にさまざまな変化をもたらしましたが、なかでも、**個人が自由に自分の意見や情報を発信できるようになった**ことは大きいと言えるでしょう。

これまで、情報や意見を発信するのは、マスメディアや政治家、著名人などに限られていました。一般の人は、情報を受け取るだけでした。ところが、ホームページやブログを使えば、一般の人も、自分の意見や情報を堂々と社会に向けて発信できます。そのため、

ここが使える

これまで以上に、**一般人の意見や感覚が、政治や社会の動きに大きく反映されるようになってきている**と言えます。

また、インターネットを通して、不特定多数の人と気軽に意見や情報のやりとりができるようになりました。実社会の中では、お互いの立場や上下関係があるので、どうしても意見を自由に言いにくくても、インターネット上では、お互いの立場を気にせず自由に意

見を言えます。同じ価値観や趣味をもつ仲間が、国境を越えて交流することもできます。

ここが使える

こうして、新しいコミュニケーションの可能性も生まれてきているのです。

インターネットの問題点をまとめると

その一方で、インターネットに特有の問題点も少なくありません。

一時期、「炎上」という言葉が話題になりました。個人のブログに非難や中傷のコメントが殺到して、ブログが立ち行かなくなることです。巨大掲示板でも、しばしば「荒らし」と呼ばれる誹謗中傷が問題になります。

ここが使える

その背景には、インターネットの匿名性の問題があります。

インターネットの掲示板やブログのコメント欄などは、匿名で書き込むことができます。

ここが使える

匿名には、気軽に意見を書き込めるというプラス面がある一方、いくらでも無責任になれるというマイナス面もあるのです。

自分の名前がわからないのをいいことに、無責任な意見や誹謗中傷を書き込む人は少なくありません。さらに、匿名では、集団心理から攻撃的になりやすく、冷静な意見交換にはならない場合も起こってきます。ネットいじめなども、そうしたインターネット特有の匿名性が引き起こしている現象だと言えるでしょう。

小中学生と携帯電話

いまや携帯電話は、たんに携帯可能な電話というだけでなく、手軽に使える小型の情報端末になっています。

携帯電話でインターネットにアクセスできるようになり、コンピュータに抵抗のある人も、手軽にインターネットを利用できるようになりました。小中学生にとっては、携帯電話でメールのやりとりをすることが、コミュニケーションの大きな手段になっています。

ここが使える

しかし、**小中学生にとっては手軽に扱える分、携帯電話には問題点も多い**。

小中学生が有害なサイトにアクセスして、性犯罪に巻き込まれるケースが増えています。また、メールのチェックやオンラインゲームに熱中して、一日中携帯電話を手放せない依存症のような子どもも増えています。そのため、小中学生の携帯電話の所持を規制しようという動きも出てきているほどです。

推薦図書

春木良且『情報って何だろう』岩波ジュニア新書

情報（化）社会とは何かという以前に、そもそも何をもって「情報」と呼ぶのか、よくわからない人も多いかもしれません。この本は、情報社会の問題を、そもそも「情報」の意味にさかのぼって考えようとしています。

コンピュータについての初歩的な知識から、情報社会を生きるための心構えまで、必要な知識がわかりやすく説明されています。歴史的なエピソードも豊富で、楽しんで読めます。情報について、また情報社会のあり方について基本的な知識を整理するためには、ぜひとも有用な1冊です。

梅田望夫『ウェブ進化論』ちくま新書

情報社会の問題について、もう少し突っ込んだことを知りたい人におすすめなのが、この本。

情報化が進んで、インターネットもどんどん進化しています。それにより、はたして何がどう変わったのか。これからどうなるのか。そうしたことを、独自の視点も交えてわかりやすく語っています。私たちも普通に使っているグーグルやアマゾンの何が画期的なのか、この本を読めばわかるでしょう。

もっとも、ウェブについてある程度の知識がないと、ついていけない面もあります。また、インターネット社会の可能性をやや楽天的に捉えすぎている部分もありますが、情報社会において「いま何が起こっているか」を考えるうえでは、最適の本と言えるでしょう。

6
教育

教育の問題は、もちろん教育学部を志望する受験生なら必ず押さえておかなくてはいけないテーマです。

ただ、人文系・社会系の学部を受ける人なら、ひととおり整理しておきたいところです。

とくに、ゆとり教育の見直しをはじめとして、日本の教育の方向性がゆらいでいる現状を、自分なりにしっかりとまとめておくといいでしょう。

一見難しい問題でも、教育の問題と絡めると、論じやすい問題にすることもできます。ぜひ、得意としておきたいテーマのひとつです。

課題

２００２年ごろから、学校での学習内容を減らし、子どもたちにゆとりをもたせる、ゆとり教育が実施されました。ところが、最近では、このゆとり教育はよくないとして、学習内容を増やすなどの見直しを求める傾向が強まっています。そうした傾向について、あなたはどう考えますか。（６００字以内でまとめてください）

課題の解説

ゆとり教育は、2002年ごろから文部科学省の新しい方針として実施された教育で、子どもたちにゆとりをもたせるために、学校で学ぶ時間・内容を少なくしたものです。学校が週5日制になったり、教科書を薄くして、それまで学んでいた項目が減らされたりしました。

しかし、このゆとり教育によって、国際的なテストの結果などで、日本の子どもたちの学力低下がはっきりと目立つようになってきました。そのため、現在では学習内容を増やして、ゆとり教育をやめようという動きになっています。そうした問題が、今回の課題の背景にあると言えます。

そもそも、なぜゆとり教育が実施されたのでしょうか。

その背景には、それまでの学習はつめこみ型で、子どもたちから余裕をなくし、自ら考える力を奪っているのではないか、という反省がありました。そのため、学習内容を内容的にも時間的にも減らせば、子どもたちにゆとりが生まれ、そのゆとりで自主的な学習に向かうのではないか、というのがゆとり教育を進めた人のねらいでした。

しかし、このねらいは誤りだったという指摘が少なくありません。

子どもたちは生まれたゆとりを、自主的な学びには使わず、遊んだり、ゆっくりしたりすることに使うようになりました。その一方で、経済力のある裕福な家庭は、ゆとり教育への危機感から、子どもを学習塾や、ゆとり教育をしない私立の学校に通わせるようになりました。

その結果として、ゆとり教育は学力低下を進め、公の教育の質を低下させてしまったと言われています。そのために、現在見直しが進められているわけです。

ゆとり教育を見直すことに賛成する意見と反対する意見をまとめると、次のとおりになります。どちらの立場で書くにしても、反対の立場の意見をしっかりと踏まえて書くことが大切です。

この課題では、ゆとり教育の見直しに賛成する立場のほうが書きやすいかもしれませんが、反対する立場でも十分書けます。いずれにしても、学ぶことの意義についてまでしっかりと踏み込んで論じることで、論が深くなります。

賛成の意見例

・ゆとり教育を見直して学習内容を増やさないと、学力低下がいっそう進む。学力が低い人が増えると、科学技術のレベルなどが落ち、国際的な競争力が低下してしまう。世界中で競争が厳しくなっている時代に教育水準を低下させると、日本は生き残っていけない。

・ゆとり教育では、学ぶ内容に制限を設ける。そのため、せっかく知的好奇心が高い生徒がいても、知的好奇心を満たすことができなくなる。ゆとり教育は伸びる生徒の芽をつみ、学力のレベルを下にあわせることで、優秀な人材を育てる教育ができなくなる。

・学習の初歩では、たとえつめこみ型と言われようと、その後の学習の土台となる基礎学力を徹底的に学ぶ必要がある。ゆとり教育によって学力の土台が身につかないと、その後の発展的な学習も不可能になり、結果として、学力低下が深刻化する。

・社会に出たら厳しい競争が待っている。ゆとり教育で、競争をすることを避けていると、厳しい競争社会に耐えられない、ひ弱な人間を増やしてしまうことになる。

反対の意見例

・かつての日本式の教育は、つめこみ型の、一方通行の教育になりすぎていた。つめこみ型では、自ら考える思考力が育たず、マニュアル型の人間を大量生産する教育になる。つめこみ型でなく、学習内容にゆとりをもたせることで、子どもたちが自らじっくり考え、思考力を育んでいくような教育をするべきだ。

・教育の目的は、本来、生徒一人ひとりの個性をできるだけ認めて伸ばすことだ。日本の学校では、学歴を偏重する考えが根強く、それに反発する生徒たちが校内暴力を起こすなどの問題が起こった。そうした教育を反省して、個性重視の理念にもとづいて実施されたのがゆとり教育だ。少しうまくいかなかったからといって、やめるべきではない。

・学力低下が進んだ現在においては、ゆとり教育を見直して急に学習内容を増やしても、学習についていけない生徒が増え、勉強嫌いを増やす結果にしかならない。それよりも、ゆとりある学習を続けたほうが、あらゆる生徒が学習内容を理解でき、達成感を得やすい。結果として、勉強が好きな生徒が増えることになる。

賛成の解答例

現在、学習内容や学習時間を減らすゆとり教育を見直し、学習内容をふたたび増やそうという動きがある。このことは望ましいだろうか。

確かに、教育にゆとりをもたせることにも、よい面はある。ゆとりのないつめこみ型の学習では、子どもたちに余裕がなくなり、のびのび育つことができない。学習に余裕をもたせると、勉強以外にも多くのことを学ぶ時間ができる。その結果、広い意味での生きる力が身につき、個性や魅力のある人間に育っていくかもしれない。しかし、やはり、ゆとり教育を見直すことは正しいと考えられる。

教育にゆとりをもたせると、基礎的な学力が身につかなくなってしまう。学習の初歩の段階では、つめこみ型と言われようと、ある程度のレベルまで強制的に基礎知識を定着させる必要がある。そうした学力の土台がないと、知識が自分の中で結びつくことがなく、その後の発展的な学習内容は理解できなくなってしまう。わからないから、勉強嫌いはますます増える。思考力を身につけるようなゆとりある学習は、つめこみ型の学習によって基礎学力を身につけたあとに行われるべきであり、小・中学校をはじめ、基礎学力の定着をはかるべき段階でゆとり教育を行っては、学力低下がいっそう深刻化する。

したがって、ゆとり教育を見直すことは正しい、と私は考える。

反対の解答例

現在、学習内容や学習時間を減らすゆとり教育を見直し、学習内容をふたたび増やそうという動きがある。このことは望ましいだろうか。

確かに、ゆとり教育の結果として、学力低下が進んだことはあるかもしれない。学ぶ内容・時間が減ったのだから、知識不足の生徒が増えているという指摘は、おそらくそのとおりだろう。もっと多くのことを知りたいという優秀な生徒の意欲に応えられない面もあるかもしれない。しかし、これまでのつめこみ型の古い学習方法では、これからの時代に対応できない。ゆとりのある学習のほうが、いまの時代にあった能力が身につく。

つめこみ型の学習では、ひたすら暗記することが中心となるため、子どもたちが自ら考えることがなく、柔軟性のない、マニュアル型の人間を育てることしかできない。しかし、学習に余裕をもたせると、子どもたちは学びながらもじっくり考え、深い理解を得ながら学習を進めることができる。そうすることで、自ら考える力が鍛えられていく。これまでのルールが通用しなくなってきている現代を生き抜くには、こうした柔軟な思考力が最も大切だ。子どもたちが思考力を伸ばしていくには、何かに追われるようにつめこみ学習をするのではなく、学習状況にある程度余裕があったほうがいい。

したがって、ゆとり教育を見直すことは正しくない、と私は考える。

教育についての基礎知識

日本の子どもの学力が低下している

いま、学力の低下について、危機感をもって語られることが増えています。

いつの時代も、「昔にくらべたら……」という形で、学力低下は言われてきましたが、最近では、**ゆとり教育による影響から、とくに学力低下が深刻化しているのでは**とよく言われます。

ここが使える

子どもたちの学力を比較する国際的なテストの比較においても、少し前までは、日本はトップレベルをずっと維持していました。しかし、最近のテストでは多くの国に追い抜かれ、10位台にまで後退しているといいます。とくに目立つのは国語力の低下ですが、国語力は思考力・表現力に関係し、すべての勉強の土台とも言えるものです。

そのため、**学力低下への対策では、国語力を強化し、思考力・表現力を鍛えていくことがとくに大切**だと言われています。

ここが使える

学力低下のいったい何が問題か

そもそも、学力低下は、なぜそれほど問題なのでしょうか。

ここが使える

とくに**問題視されているのが、科学技術力の低下**です。

基本的な学力が備わっていないと、いまの日本の経済発展を支えてきた産業界における技術を受け継ぎ、発展させることが難しくなります。とくに、

ここが使える

最近では、理科や数学に興味のない子どもたちが増えている、いわゆる「理数系離れ」が深刻になっています。これは、これからの日本の科学技術力の維持を考えるうえで、深刻な問題です。

また、基本的な学力が備わっていないということは、社会人として求められる必要最低限のスキルに欠けることにもなります。

それではいい職業につけませんし、職についても長続きしません。職場でより専門的で高度なスキルを身につけようとしても、基礎的な学力の土台がないと、難しいことが多いからです。

ここが使える

また、学力低下は、個人だけの問題ではありません。**学力不足の人が増えることで、社会全体の生産能力が落ちる**ことになってしまいます。

教育

そうすれば、日本経済が停滞し、日本全体がより貧しくなってしまう。そのような問題があるからこそ、学力低下に歯止めをかけ、教育を立て直すことが重要なのです。

ハブかれる、KY、ネットいじめ

学校におけるいじめは昔からあった問題ですが、時として、いじめを苦にした生徒が自殺するなど、深刻な事態にいたることもあります。

ここが使える

いじめの原因はさまざまですが、少しでもみんなからはずれている存在は仲間はずれにして排除しようという、日本的な集団主義が影響している面もあります。

若者言葉の「ハブかれる」「KY」などの言葉には、仲間はずれにするいじめの意識が色濃くあらわれているとも言えます。

最近では、新しい形のいじめもあらわれていて、その手口はより陰湿化しています。

その代表的な例が「ネットいじめ」で、「学校裏サイト」などのインターネットのサイトに悪口を書き込んだり、個人情報を勝手にネット上に流出させたりします。現実の直接的ないじめにくらべて、面と向き合っていない分、エスカレートしやすく、犯人も特定しにくいといった特徴があります。

ここが使える

いじめに使われる悪質なサイトには取り締まりを強化するなど、何らかの対策をとる必要があるでしょう。

学級崩壊の現状と解決策

ここが使える

学級崩壊とは、授業中に生徒が大声でさわぐ、立ち上がって歩き回る、遊びはじめるなど、授業を妨害する行為をして、授業が成り立たなくなることです。これまではとくに小学校の高学年に多いとされてきましたが、最近では、小学校の低学年のクラスにも増えているといいます。

学級崩壊が起こると、クラスの雰囲気が悪くなったり、精神的な苦痛から教師が休職や辞職に追い込まれたり、一部の生徒のせいで、ほかの学ぶ意欲のある生徒が学べなくなるなど、さまざまな問題が生じます。

学級崩壊の原因には、教師側の指導力不足という問題もありますが、それ以上に、家庭で基本的な生活習慣ができておらず、自己中心的で我慢のできない、落ち着きのない生徒が増えていることが大きいと言われています。

ここが使える

学校は本来、しつけをする場ではなく勉強をする場。学級崩壊の問題を解決するには、それぞれの家庭での教育をしっかりすることが最も大切と言えます。

体罰は問題だが、教育に厳しさは必要

最近は減少傾向にありますが、以前は教育現場での体罰がしばしば問題になりました。教育の名を借りた、教師のストレス解消のような理不尽な体罰は、もちろん許されるべきではありません。しかし、体罰への批判から、**最近では子どもに強く当たれず、まるで友達のようにソフトに接する教師が増えています。**

ここが使える

昔とくらべて、教育現場から厳しさが失われているのは間違いありません。その結果、生徒が教師を目上の人として尊敬しなくなり、教師の言うことを以前ほど聞かなくなりました。その結果として、学級崩壊が増えているなど、さまざまな問題が生じています。

ここが使える

体罰ほどの厳しさは問題ですが、**教育現場にある程度の厳しさを取り戻し、教師と生徒のあいだに一定の上下関係を確立することは、健全な教育を行ううえでも必要**でしょう。

小学校の英語教育は必要？

小学校に英語教育を導入することが、文部科学省の方針として決定されました。実際

ここが使える

に、試験的に導入している学校も出てきていますが、**小学校の英語教育には、賛成・反対の両方の意見があります。**

ここが使える

賛成の意見としては、国際化が進む現代において、英語教育は重要性を増していることや、**できるだけ早いうちから英語に親しむことで、学習効果が上がったり、英語好きの生徒が増えることが期待される**、などの意見があります。

ここが使える

それに対して、反対の意見としては、**小学生のうちは英語教育より、すべての学力の土台となる国語教育にもっと力を注ぐべき**だ、あるいは、小学校の英語教育は、専門の教師が教えるのではなく、担任の先生が教えることになるので、中途半端な英語を教えることになり、かえって害がある、といった意見があります。

これから、小学校に英語教育が導入された場合、どのようなメリット・デメリットがあるのか、注意深く見守っていく必要がありそうです。

推薦図書

苅谷剛彦『学校って何だろう――教育の社会学入門』ちくま文庫

学校・教育の問題を幅広く、全体的に考えるうえでの入門書としておすすめなのが、この本です。もともとは毎日中学生新聞の連載として書かれたものをまとめたものなので、とてもわかりやすく、それでいて、内容は本当に大切なことについて論じられています。

たとえば、なぜ学ぶ必要があるのか、どうして校則によって生徒を縛る必要があるのか、といった根本的な問いが深く考えられています。いずれも、いま教育の意義が大きく揺れている中で、きちんと考えておかなければならないテーマばかりです。

また、筆者自身、問題点は示しつつも、読み手が自ら考えることをうながす書き方をしているので、この本を読みつつ、これから求められる教育とは何か、自分なりの意見をきちんと考えておくと、とてもいい小論文対策になります。

小松夏樹『ドキュメント　ゆとり教育崩壊』中公新書ラクレ

今回の課題で取り上げたような、ゆとり教育の問題について整理しておくのに役立つのが、この本です。

この本では、ゆとり教育の導入によって、どのような問題が起こったのか、現場からの詳細なレポートがなされています。教科書問題や学力調査について論じられている部分もあり、ゆとり教育が何だったのか、まとめて理解しておく際の手助けになる1冊でしょう。

7
医療・看護

医療・看護の問題は、医学部や看護医療系の学部の志望者はもちろん、福祉系の学部を志望する人も頭に入れておくべきテーマです。

とはいっても、医学の先端治療などの専門的な事柄についての知識が問われることは少なく、むしろ、現代における医学や看護の基本的な考え方について、しっかりと押さえておくことが大切です。

また、医療や看護をめぐる倫理的な問題は、法や人権の問題ともかかわってくるので、社会科学系の学部の志望者も、基本的なことは一応頭に入れておくほうがいいでしょう。

課題

回復の見込みのない末期患者に対して、ただ命を延ばすためだけの延命治療を行うべきかどうかが、問題になることがあります。延命治療を重視する医療のあり方について、あなたはどう考えますか。（600字以内でまとめてください）

課題の解説

回復の見込みのない患者の命をただ延ばすために行われる治療を「延命治療」といいます。それに対して、「自分が末期患者になったら、延命治療をしてほしくない」という人が、最近は増えています。

延命治療の背景にあるのは、患者の命を絶対的なものとする、これまでの医療の考え方です。医師の役割は患者の命を救うことであり、できるかぎりのことをするのが医師の責任で、延命治療をやめるのは医師の責任を放棄することにつながる、というわけです。

それに対して、「患者の生き方は患者本人の選択にまかせるべきで、患者が望むなら延命治療をするべきではない」という考え方もあります。現在の医療では、こちらの考え方のほうが主流になってきています。

こうした問題の背景にあるのは、「ＱＯＬ」という考え方です。ＱＯＬとは、クオリティ・オブ・ライフ、つまり「生命の質」のことです。

以前は、「生命の神聖性は絶対的なものであり、侵してはならない」という考え方が主流でした。近代の医学は、患者本人の意思がどうあれ、病気を治癒し、患者の生命をできるだけ長らえさせることが絶対的な目的でした。

しかし、医学が発達して、従来なら亡くなっていたような末期患者でも機械的に延命させられるようになると、そうした考えに対する疑問が出てきました。何が何でも患者の生命を長らえさせることが、本当に患者本人の幸福につながるのか。幸せの感じ方は患者それぞれだから、自分がどんな死を迎えたいかを患者本人に選ばせるべきではないか。つまり、機械的な延命よりも、患者本人の「生命の質」を大切にするべきだ、という考え方が出てきたわけです。

こうした考え方は、当然、医療のあり方にも大きな影響を与えます。

これまでは、医療の主役はあくまで治療する側の医師であり、治療される側の患者は受け身の立場にありました。ところが、「生命の質」を重視する立場に立つと、医療の主役はむしろ患者であり、医師は患者がよりよい生命の質を実現するためのサポート役に徹するべきだということになります。そのように、現在は医療のあり方についての考え方が変わってきています。その点を、まずはしっかりと押さえてください。

今回の課題は、現代の医療の考え方の主流を考えると、延命治療に反対の立場で書くほうが論じやすいでしょう。とはいえ、延命治療を否定する考え方にも、当然ながら問題点はあります。イエス・ノー、どちらの立場をとるにしても、自分とは反対の立場をしっかりと考慮したうえで、できるだけ客観的に論じることが大切です。

賛成の意見例

・医療の原則は、あくまでも病気を治癒して、患者の命を救うこと。医師は、患者の命を生かすためにあらゆる手を尽くして、できるかぎりの努力をするべきだ。延命治療をやめることは、そうした医師の義務を放棄することにつながる。

・末期患者の中には、自分の生死を冷静に判断できない状態にある人もいる。また、患者の人生は本人だけでなく、家族にもかかわりがあるので、家族の感情にも配慮する必要がある。本人が望むからといって、簡単に延命治療をやめるべきではない。

・最近は、本人の選択だからという理由で自殺を肯定するなど、生命をないがしろにする風潮がある。本人が望むなら簡単に延命治療をやめていいとなると、そうした風潮を否定できなくなって、自殺などを肯定することになりかねない。

・「生命の質」を重視する考えは、命の価値に優劣があると見なすことにつながる。どんな人の命も平等に大切であることを忘れないためにも、延命治療を否定すべきではない。

反対の意見例

・人間の生き方は、あくまでその人本人が決めるものだ。本人にとって何が幸福かは、本人にしか決められない。延命治療を続けて少しでも生命を長らえさせるか、それともできるだけ苦痛のない死を迎えるかを選ぶ権利は、患者本人にしかないはずだ。何が何でも延命治療をするという医療のあり方は、そうした患者の権利を侵すものだ。

・現代の医療は、患者が主役であるべきだ。医師はあくまで患者の意思を実現するためのサポート役にすぎない。患者が望むのであれば、医師は延命治療をやめて、患者が望ましい死を迎えられるように手助けすることが必要だ。

・これまでの医療は、患者の生物的な命を生かすことを第一に考え、機械的に患者を生き長らえさせることを優先してきた。回復の見込みのない末期患者にも延命治療をしてきたのはそのためだ。だが、そうした苦痛な状態を末期患者に強いるのは、人間的な行為ではない。これからは、もっと人間的な医療をめざして、患者の精神的なケアのほうを重視するべきだ。

賛成の解答例

　かつては患者の延命を目的とする延命治療が広く行われていたが、最近は、患者の意思に反して延命治療を行うべきではないという考え方が広まってきている。延命治療を重視する医療のあり方は、本当によくないのだろうか。

　確かに、かつてのように、何が何でも延命治療をするのはよいことではない。医療は患者のためのものであり、患者本人の意思を無視して医療を進めることは避けなければならない。常に患者の意思を確かめ、できるだけ尊重することが大切だ。しかし、だからといって、患者が望むからというだけの理由で、安易に延命治療をやめるべきではない。

　医療の役割は、何よりもまず患者の生命を救うことだ。そのために、医師は患者の状態をよく見て、何が患者にとって最良の手段かを判断したうえで、できるかぎりの努力をする必要がある。末期患者は精神的に追い込まれていて、自分の状態を冷静に判断できない場合もある。にもかかわらず、治療を続けるかどうかの判断をすべて患者にまかせてしまうのは、医師としての責任を放棄することに等しい。患者の一時の感情に応じて、簡単に延命治療をやめてしまうのは、生命の神聖さを軽視する考え方につながるおそれもある。

　以上のように、患者の意思を尊重することは大切だが、だからといって延命治療を否定する医療のあり方は好ましくないと私は考える。

反対の解答例

回復の見込みのない末期患者に対して、ただ命を延ばすための延命治療を行うことについては、さまざまな批判がなされてきた。延命治療を重視する医療のあり方は、はたして正しいのだろうか。

確かに、医師の役割は、何よりもまず患者の命を救うことだ。患者自身が生への希望があるのに、医師が患者の命を救うのをあきらめ、安易に延命治療をやめるべきではない。それでは、医師としての義務を放り出したと思われてもしかたがない。しかし、患者の意思にかかわりなく、延命治療を重視するような医療のあり方は望ましくない、と私は思う。

延命治療は、患者に大きな苦痛を与える場合がある。それを受け入れてでも少しでも生命を長らえさせるか、それともできるだけ苦痛のない死を迎えるかを選ぶ権利は、患者自身にしかないはずだ。どんな死を迎えたいかは、患者自身の価値観にかかわる問題だ。それゆえに、患者の意思を無視して何が何でも延命治療を行うような考え方は、認めるべきではない。医療者は、延命治療の効果や副作用などを患者にきちんと説明したうえで、判断を患者にまかせ、あとは患者の望む生命の質を実現するサポート役に徹するべきだ。

したがって、私は延命治療を重視するべきではないと思う。あくまでも患者の意思を第一に考えるべきである。

医療・看護についての基礎知識

医療の主体は、医師から患者へ

かつての医師と患者は、先生と生徒のような関係が普通でした。医師がどんな治療をするかを決め、患者は黙って医師の言うことを聞いていればよかったのです。

ここが使える

かつては医療の主体はあくまで治療する医師の側にあり、患者は治療についてのすべてを医者まかせにしていました。

しかし、近年、こうした医療のあり方が批判されるようになりました。病気に対してどう向き合うかは、患者自身の生き方の問題だ。だから、どんな治療を受けたいか、また末期患者ならどんな死を迎えたいかは、患者自身が自分の価値観に従って決めるべきことだ。

ここが使える

医療の主体はあくまで患者であり、医師は患者の望む「生命の質」（QOL）を実現できるようにサポート役に徹するべきだ、というわけです。

ここが使える

現代の医療では、患者主体の考え方にもとづいて行うことが主流になってきています。まずは、その点をしっかりと押さえておく必要があります。

「インフォームド・コンセント」とは？

患者主体の医療を実践するために必要なのが、「インフォームド・コンセント」の考え方です。日本語では、「説明と同意」とも訳されます。

ここが使える

簡単に言えば、**医師が治療にかかわる情報をできるだけ患者に伝え、患者の同意を得てから治療を行うのが、「インフォームド・コンセント」**です。病名や病気の程度、有効な治療法、副作用や後遺症の可能性などについて、できるだけ正確に説明して、患者に自分で判断させ、治療方針を決めさせるわけです。

かつては、がんの患者についても、本人には告知せず、家族にだけ知らせるのが一般的でした。しかし、現在では、この「インフォームド・コンセント」の考え方にもとづいて、本人にもきちんと告知するようになっています。

ここが使える

しかし、患者の中には、病名などを知りたくない、自分では判断できないという人もいます。そうした人に対しては、**本人の意思を尊重して告知をしない配慮も必要**です。

医療・看護

「治療」（キュア）と「看護」（ケア）――看護の新しい役割

これまでは、患者の病気を治して健康な状態を回復させる「治療」（キュア）が医療の中心でした。そこでは、看護の仕事は、たんに医師の仕事を補佐する役割しか与えられていませんでした。

ところが、高齢化が進み、多くの人が慢性的な体の不調を抱えるようになると、**「治療」と同じくらい「看護」（ケア）が重視されるようになっています**。

とくに高齢者の場合、老いによる体の不調を、元の健康体へと完全に戻すことはできません。むしろ、老いを受け入れたうえで、いかに自分の望む「生活の質」（ＱＯＬ）を実現するかが、本人の生き方にとっては大きなテーマになります。そして、**患者が自分の思うように生きられるように手助けをするのが、看護の新しい役割**と言えます。

看護の仕事においてとくに求められているのは、患者との人間的な触れ合いです。「治療」中心の考え方では、病気の治癒のために患者を機械的に扱い、患者の精神的なケアを軽視する傾向がありました。しかし、看護においては、むしろ患者といかに人間的に向き合い、心のコミュニケーションをはかるかが重要になります。

高齢化が進むにつれて、こうした看護の考え方はますます重要になっています。

ここが使える

末期患者のための「ターミナルケア」「緩和ケア」

回復の見込みのない末期患者には、従来の「治療」中心の考え方は意味をもちません。むしろ、必要とされているのは「看護」（ケア）です。このように、**末期患者に必要な看護のことを、「ターミナルケア」や「緩和ケア」と呼びます。**

ターミナルケアでは、患者が安らかな死を迎えられるように、余計な苦しみを少しでもなくし、死への不安を和らげることが求められます。

そのため、医師や看護師だけでなく、心理療法士や臨床心理士、ソーシャルワーカーなどの各分野の専門家が協力し合って、家族との関係なども含めた患者の生の全体を支える必要があります。

現代人の健康願望と不摂生な生活——医療の新しい役割

現代人は、平均寿命が伸びるにつれて、「いつまでも健康でいたい」「もっと健康になりたい」という願望が強くなっています。そのため、さまざまな健康食品や健康グッズ、健

医療・看護

康法などがマスメディアではしばしば取り上げられ話題になりますが、なかには効果のあやしいものもあります。

ここが使える

そもそも**健康は、たんに体だけではなく、精神的にも社会的にも調和のとれた状態**にあることです。健康ブームは、むしろそうした真の健康に対する無理解をうながす危険さえあります。

ここが使える

現代人の生活には、カロリー過多の食事、ハードワーク、ストレスの多い人間関係など、健康を損なう要素がたくさんあります。**たんに体の健康だけでなく、そうした生活環境の改善にも気を配るのが、これからの医療の役割**になるでしょう。

また、現代人が健康的な生活を送れるように、私たちを取り巻く社会環境の改善に、行政とともに積極的に取り組んでいくのも、これからの医療の重要な役割のひとつと言えるでしょう。

ここが使える

高齢社会で、医療の大切さが増している

年をとれば、誰でも体のどこかに不調を抱えるようになります。そのため、**社会全体で高齢化が進めば、それだけ医療に求められる社会的役割も大きくなります。**

ところが、近年、慢性的な医師不足が問題になっています。高齢社会に向けた医療体制も十分に整っているとは言えません。

仕事をしている高齢者がいつでも気軽に相談できるような小さな医療機関を、ビジネス街や地域にもっとつくったり、寝たきりの高齢者や病院に来られない過疎地の人のために、巡回カウンセリング医療なども充実させる必要があります。そして、かかりつけの医師の役割をもっと重視して、大きな病気になればすぐに専門医に診てもらえるように、医師や病院間のネットワークを構築することも重要です。

ここが使える

それと同時に、**高齢社会における医療は「治療」より「看護」が中心になる**ことも考えなくてはいけません。慢性的に病気を抱えている人に対して、病気を日常の状態として受け入れたうえで、少しでも自分らしく生きられるようにサポートすることが、高齢者医療の大きな役割になるでしょう。

推薦図書

保阪正康『安楽死と尊厳死』講談社現代新書

「安楽死や尊厳死を認めるべきかどうか」という問題は、医療の現場において、いまだに論議を呼ぶ大きな問題です。

この本は、安楽死や尊厳死の考え方が日本でどのように考えられてきたかを追いながら、日本の医療の問題点を浮かび上がらせようとしています。それにより、日本人の死に対する考え方にまで迫っているところも興味深い。死をどう考えるかは、高齢社会における医療を考えるうえでも重要な問題ですが、その点にもしっかりと触れられています。

やや古い本なので、脳死と臓器移植の問題などは現状とあわない部分もありますが、安楽死と尊厳死の違い、リヴィングウィルの重要性など、医療について考えるうえで基本的な事柄も、この本の記述から学ぶことができるでしょう。

増田れい子『看護――ベッドサイドの光景』岩波新書

ターミナルケアなどの看護にかかわる現状やその問題点を、看護師たちへの多くのインタヴューによって浮かび上がらせています。

現場を知る人の生の声にもとづいて書かれているだけに、強いリアリティがあります。看護の仕事の現実を知り、看護とは何か、現状の何が問題なのかを知るには、この本は最適でしょう。看護の問題を実感として受け止め、自分の中で整理し直すためにも、看護医療系を志望する人はぜひ読んでほしい1冊です。

8
民主主義

民主主義に関するテーマは、法学部では、ほぼ間違いなく出題されると思っておいたほうがいいくらいです。

一見、民主主義とは関係なさそうな問題でも、民主主義のあり方と結びつけて考えることが必要になります。政治にしても、法律にしても、民主主義の考え方と、必ずどこかでつながっているからです。

経済学部や商学部などの社会学系の学部でも、民主主義に関係した問題が出されます。

民主主義は、それくらい私たちの社会に深くかかわっているものなので、基本的なことは絶対に押さえておきたいテーマと言えるでしょう。

課題

2015年、改正公職選挙法の成立によって、選挙権が得られる年齢を20歳から18歳に引き下げることが決まりました。あなたは、このことについて、どう考えますか。

（600字以内でまとめてください）

課題の解説

選挙権とは、国会議員などを選ぶための選挙で一票を投じられる権利のことです。

この権利が与えられるのは、日本ではこれまでは20歳からでした。それが、18歳からに変わったわけです（なお、選挙に立候補できる権利は被選挙権といい、いまの日本では25歳から認められています）。

では、ほかの国ではどうでしょうか。

世界を見ると、18歳を成人年齢としている国がいまは多く、選挙権も18歳から与えられています。欧米や中国がそうです。日本のように、20歳からを成人とし、20歳で選挙権を与えていた国は、むしろ少数派と言えるかもしれません。

そのため、日本も世界の標準にあわせるべきだという理由もあって、日本でも選挙権が18歳から与えられるようになったのです。

選挙権が与えられる年齢を2歳くらい引き下げたところで、とくに何も変わらないと思うかもしれません。

「18歳というと、高校3年生か高校を卒業したばかりなので、政治のことなど何もわからない。そんな人たちに選挙権を与えても、選挙に行くかどうかさえわからないので、意味がない」

そんなことを言う人もいます。

しかし、日本全体で考えると、選挙権を18歳から与えることにすれば、選挙権をもつ若者がそれだけ増えることになります。

もし、18歳以上の若者が投票に行って、政治に参加するようになれば、政治家は若者の意見を無視できなくなります。そうなれば、若者の声が政治に反映されるようになり、日本の政治のあり方も少しずつ変わっていくかもしれません。

このように、選挙権が得られる年齢を18歳に引き下げることには、賛成・反対の両方の意見があります。どちらの立場で書くにしても、両方の意見をしっかり踏まえたうえで、論じることが大切です。

以下、その例を示すので、ぜひ参考にしてみてください。

賛成の意見例

・18歳で高校を卒業して、大学や専門学校に進学せず、社会に出て働く者も多くいる。そうした若者は、自分でお金を稼いで経済的に自立し、所得税を納めるなどの社会的な責任を果たしてもいる。それなのに、20歳まで選挙権がないというのはおかしい。

・いまの日本は少子高齢社会で、若者より高齢者の数が多いため、若者の意見は政治に反映されにくい。しかし、民主主義では、できるだけ多くの人の意見を政治に反映させるべきだ。18歳から選挙権をもち、政治に関心をもつようになれば、政治家も若者の意見を無視できなくなる。その結果、若者の意見がより多く政治に反映されるようになり、政治が活性化される。

・若者の政治離れが進んでいるのは、若者の主張が政治に反映されにくいからだ。どんな問題でも、自分たちの未来にかかわることなのに、20歳未満の若者にとっては、直接かかわれないところで決まってしまう。だから、せめて18歳から選挙権を与えて、少しでも自分たちの未来を自分たちで決められるようにすべきだ。

反対の意見例

・いまの日本社会では、18歳というとまだ高校3年生。社会経験が乏しく、精神的にも未熟である。もちろん、経済的にも自立していない。こうした若者に選挙権を与えても、まともな判断ができるかどうか疑問である。選挙で自分たちの代表を選ぶ以上、それなりの社会経験を積んだ者に選挙権を与えるべきだ。

・18歳で選挙権を与えても、いまどきの若者が実際に選挙に行くかは疑問である。18歳になる高校3年生というと、大学受験や就職のことしか頭にない時期。そうした年齢で選挙権を与えても、誰に投票していいのかわからないだろうし、そもそも政治に関心がないので投票に行かないかもしれない。

・その一方で、20歳になれば、大学に進学したり就職したりして2年ほどたっている。世の中のことについて、少しは知っているはずである。だから、この年齢で選挙権を与えるのが適当である。

賛成の解答例

2015年、改正公職選挙法の成立によって、選挙権が18歳から与えられることになった。海外では一八歳から成人と見なして選挙権を与える国が多いというのが、その理由のひとつらしい。では、はたして一八歳から選挙権を与えるのは、好ましいのだろうか。

確かに、いまの日本では、法律上は成人であるはずの二〇歳を過ぎても、まだまだ未熟で、なにかと親を頼っている若者が多い。ましてや一八歳では、社会経験が乏しく、政治のことなどわかるはずもないので、選挙権を与えるのは無謀だという見方もあるだろう。しかし、日本でも、一八歳から選挙権を与えたほうがよいと私は考える。

いまの日本では少子高齢化が進んでおり、高齢者の数のほうが若者の数よりもずっと多い。しかも、二〇歳になるまで選挙権が与えられないとなると、数の多い高齢者の意見は政治に反映されやすいが、数の少ない若者の意見はますます反映されにくくなってしまう。これでは不公平だろう。これからの高齢者の生活を支えていくのは、いまの若者なのだから、せめて一八歳から選挙権を与えて、若者の意見がもっと政治に反映されやすくすべきだ。そうしないと、高齢社会の負担を、若者に一方的に押しつけることになってしまう。

したがって、日本でも一八歳から選挙権を与えて、より多くの若者が政治参加できるようにするのは好ましいことだと考える。

反対の解答例

2015年、改正公職選挙法の成立によって、選挙権が18歳から与えられることになった。海外では一八歳から成人と見なして選挙権を与える国が多いというのが、その理由のひとつらしい。では、はたして一八歳から選挙権を与えるのは、好ましいのだろうか。

確かに、選挙権を一八歳から与えれば、若者は日本社会の抱えている問題にもっと関心をもつようになるかもしれない。これからの日本を支えていくのは、いまの若者なのだから、選挙権が一八歳からあれば、積極的に政治参加するようになるとも考えられる。しかし、それでも、選挙権を一八歳から与えるのは好ましいことではない。

一八歳では、高校三年生か高校を卒業したばかりである。社会経験が乏しく、政党の訴える政策が、自分とどう関係があるのかわからないだろう。これでは、選挙権を与えられても意味がない。それどころか、知名度やパフォーマンスに目を奪われて、タレント政治家やテレビでよく見かける政治家ばかりを選んでしまうおそれがある。選挙権はやはり、ある程度の社会経験のある者に与えるべきだ。社会経験がないと、政治を自分たちの問題として受け止められない。二〇歳であれば、その半数近くは社会に出て働いているので、選挙権を与えてもよい年齢だと考えられる。

したがって、私は、一八歳から選挙権を与えることに反対である。

民主主義についての基礎知識

民主主義とは

ここが使える

民主主義とは、国民の意思に沿って政治が行われることです。そのため、民主主義の国では、国のさまざまなことを決める権利は、国民一人ひとりにあるとされています。これを「国民主権」といいます。

民主主義の国では、ある年齢以上の国民一人ひとりに選挙権や被選挙権が与えられます。選挙によって、国会議員や地方自治体の長（県知事や市長など）、地方自治体の議会の議員を選んだり、国会議員などに立候補することができます。

このように、選挙で投票したり、選挙に立候補したりすることで、国民一人ひとりは自分たちがもっている主権を使うことができます。最近、政治に関心がなく、選挙に行かない人が増えていますが、これでは国民としての権利を放棄しているとも言えます。

ここが使える

世界を見渡せば、いまでも民主主義でない国はたくさんあります。ひとりの人物が国家の権力をすべて握っている独裁国家もあります。また、共産主義の国は、自分たちは民主主義国家であると名乗っているところが多いようですが、共産党以外の政党が存在しない一党独裁なので、実際に民主主義が機能しているとは言えません。

ここが使える

民主主義の国であっても、民主主義でなくなる危険性は常にあります。

第一次世界大戦後のドイツは、ワイマール憲法をつくり、当時最も民主的な国のひとつでした。しかし、その中からヒトラーが登場し、ナチス独裁の国家になってしまいました。

ここが使える

だから、**民主主義の国では、民主主義が守られているかどうかをいつも国民自身が注意する必要があります。**

民主主義を支える三権分立――「司法」「立法」「行政」

民主主義では、国家の権力がひとつに集中しないように、権力がいくつかに分けられ、それぞれが独立しています。通常は、司法、立法、行政の3つに分けられており、これを「三権分立」といいます。

ここが使える

司法とは、裁判を行う権利をもつ裁判所のことです。立法とは、法律をつくる権利をもつ国会のこと。行政とは、国の政治を行う権利をもつ政府のことです。この3つが独立して、互いに監視し合うことで、国家の権力がひとつに集中することを防いでいます。

国家の権力がひとつに集中してしまうと、歯止めがきかなくなり、暴走してしまう危険性があります。そうなると、国民の自由や権利が脅かされてしまうので、国家の権力を3つに分けて、権力の集中が起きないシステムにしているわけです。

基本的人権、自由、平等の考え方

民主主義の国では、国民一人ひとりが自由かつ平等でなければいけません。そのため、民主主義の国では、自由で平等な個人として生きる権利がどの人にも保障されています。この権利のことを「基本的人権」といいます。

ここが使える

基本的人権とは、誰もが生まれながらにもっている、人間としての権利のことです。生きる権利（生存権）をはじめとして、自由と平等の権利は、たとえ国家であっても侵害してはなりません。また人権は、国の違いを問わず、世界中のすべての人たちがもっていて、どこでも、どんなときでも、尊重されなくてはならない権利です。**人権を守ることが民主主義の大原則**と言えます。

権利としての「自由」とは、国家や他人に何かを強制されることがなく、自分の意思にもとづいて考え行動することができることです。これには、思想・信教の自由、言論・表現の自由などの「精神的自由」、職業選択の自由などの「経済的自由」、国家や他人から奴隷のように扱われないという「人身の自由」の3つがあります。日本国憲法では、こうした3つの自由が、基本的人権として保障されています。

権利としての「平等」とは、国民一人ひとりが同じ権利をもつ人間として差別なく扱われることです。戦前は日本にも、華族という特権階級がいました。もとの公卿や大名、および明治維新のときに活躍した元武士やその子孫たちで、国民一人ひとりが平等ではありませんでした。しかし、いまの日本では法の下の平等が原則であり、国家は国民一人ひとりを公平に扱わなければなりません。

民主主義には「専制」や「衆愚政治」の危険性がある

民主主義では、多数決で物事を決めていきます。だから、必ず多数派の意見が通ります。そうなると、少数派の意見は無視されかねません。また、多数派の意見がいつも正しいとは限らず、多数派の選択が間違っていることもあります。

しかし、民主主義では多数派が勝ち、少数派は多数派によって抑え込まれてしまいます。つまり、**民主主義では、多数派による専制という危険性が常にあるのです。**多数派が

ここが使える

政治を牛耳り、自分たちに都合のよいような法律をつくる可能性もあるわけです。

そして、もし多数派が少数派の意見にまったく耳を貸さず、少数派を排除するようになると、全体主義になってしまう危険性があります。全体主義とは、多数派が少数派を弾圧し、国民全員が多数派に賛成するようにすることで、日本も戦時中は全体主義でした。国民の自由や権利の尊重よりも、国家の利益が優先されていたからです。

また、民主主義では、主権をもっている国民の選択によって物事が決まります。国民は選挙で、立候補者が主張していることや、政党が打ち出している政策を比較して、自分がよいと思うほうに一票を入れます。これにより、国民は国の政治がどちらに向かうのかを決めていることになります。

ここが使える

ただし、こうした国民の選択が常に正しいとは限りません。国民が間違った選択をすることもあります。そのため、**国民自身も常に政治に関心をもち、賢い選択ができるようにしなくてはならない**と言えます。もし国民が世の中の物事についてよく考えなくなり、その時々の雰囲気だけで投票するようになると、衆愚政治（愚かな民衆による政治）になってしまいます。

ここが使える

民主主義には、衆愚政治を招く危険性が常にあるのです。

「おまかせ民主主義」から「参加民主主義」へ

このように、民主主義にもさまざまな欠点はあります。

それを克服するには、やはり国民一人ひとりが政治に関心をもち、政治に参加していくことです。選挙に行くのはもちろんですが、それだけが政治参加ではありません。いまはインターネットがあるので、国の政策について自分の意見を行政に直接伝えることもできます。**国民一人ひとりが、政治に対して声をあげていくことが大切**です。

日本でも、裁判員制度が始まりましたが、これは司法（裁判）に国民が参加することなので、民主主義の国では必要なことです。国民は裁判を行ったり、法律をつくったり、政治を行ったりする権利を国に委ねています。しかし、だからといって国にまかせきりでは、民主主義とは言えません。**政治にしても、司法（裁判）にしても、国民が参加してこそ、本当の民主主義**と言えます。

つまり、**これからの望ましい民主主義のあり方は、国民が司法・立法・行政のプロにすべてまかせる「おまかせ民主主義」ではなく、国民が司法・立法・行政に直接参加する「参加民主主義」**と言えるでしょう。

ここが使える

ここが使える

ここが使える

推薦図書

佐々木毅『民主主義という不思議な仕組み』ちくまプリマー新書

民主主義の成り立ちとその歴史、そして民主主義の問題点について、比較的わかりやすく解説しています。

私たちは、民主主義というものを当たり前のように考えていますが、民主主義は決して当たり前のものではありませんし、放っておいても健全に機能するわけではありません。民主主義という仕組みのもつ本質的な危うさをしっかりと見つめたうえで、民主主義を本当に意味のあるものにするために、私たちは何をしたらよいのかを、この本は提言しています。

やや専門的なところもありますが、高校生でも十分読みこなせるので、とくに法学部志望者にはぜひ読んでおいてほしい1冊です。

山口二郎『政治のしくみがわかる本』岩波ジュニア新書

政治学を専門とする著者が、「政治とは何か」「日本の政治はどんな仕組みで動いているのか」などを、若者向けに説明した本です。

理念的な事柄から、現在の日本の政治の具体的な問題点まであげて解説しているものの、教科書的な内容ではなく、あくまで「民主主義社会における政治のあり方」について読者自身に考えさせるものになっています。文章はわかりやすいですが、内容のレベルは決して低くなく、巻末の推薦図書リストもユニーク。

法学部や政治経済学部などの志望者は、ぜひ読んでおいてほしい1冊です。

9
法・人権

1　環境問題
2　国際関係
3　日本文化
4　福祉
5　情報社会
6　教育
7　医療・看護
8　民主主義
9　法・人権
10　現代社会

法学部以外で、法・人権の問題が正面切って出題されることは、あまりないかもしれません。

しかし、現代社会のさまざまな問題の背景には、法・人権の問題がかかわっていることがたくさんあります。政治家の不正の問題、差別やいじめの問題、プライバシーの問題などもそうです。

また、裁判員制度ができて、一般市民でも法・人権への意識をもつことが求められるようになりました。学部によっては、裁判員制度について問われる可能性もあります。

社会科学系はもちろん、それ以外の学部の志望者も、ひととおりの知識はもっておきたいテーマです。

課題

裁判員制度は、２００９年から実施され、テレビや新聞などでも大きな話題になりました。法案が成立したのは２００４年ですが、それ以来、制度の是非をめぐって、さまざまな論議の的になっています。あなたは、裁判員制度に賛成ですか、反対ですか。（６００字以内でまとめてください）

課題の解説

裁判員制度とは、簡単に言えば、裁判に一般の市民が参加する制度のことです。

これまで裁判は、専門の教育を受けて資格をもった裁判官が、事件を審理して判決を下していました。それに対して、裁判員制度の下では、裁判官だけでなく一般の有権者の中から選ばれた裁判員も、裁判に参加するようになります。つまり、選挙権をもつ人なら誰もが、裁判にかかわる可能性があるわけです。

裁判員制度が導入された目的には、いくつかあると言われています。

ひとつは、裁判に一般人の感覚を反映させるためです。凶悪犯罪なのに、専門家以外にはわかりにくい理由で意外に軽い判決になったり、逆に、私たちの感覚では重すぎる判決が出ることもあります。裁判には「量刑相場」があり、過去の判例に照らして、「こういう犯罪にはこれくらいの刑を与える」という暗黙の慣例があります。そうした慣例が、一般市民の感覚とずれてしまうことがあり、私たち一般市民が裁判に参加することで、そのずれを正すことが期待されています。

また、一般市民に裁判に参加してもらって、裁判とは何か、私たちの生活や社会が法律によって実際にどう守られているのかを理解してもらう目的もあります。もちろん、実際に裁判員になる有権者の数はそう多くはありませんし、裁判員が参加するのも一部の裁判に限られています。しかし、「自分も裁判にかかわる可能性がある」と思っているだけでも、司法に対する関心は高まるはずです。

ただ、裁判員制度に対する反対意見も根強く、2006年の内閣府の世論調査では、8割の人が「できれば裁判員になりたくない」と回答しました。「自分たちの判決で被告人の運命が決まるため責任を重く感じる」「冷静に判断できるか自信がない」「裁判の仕組みがわからない」などが理由のようです。人を裁くことにはそれだけ重い責任がともなうのに、法の素人である自分にそれができるのか、不安を感じている人が多いわけです。

裁判をする側がそういう気持ちでは、裁判に対する国民の信頼は増すどころか、逆に信頼を失わせるだけになるおそれもあります。また、専門家である裁判官が審理を実質的に仕切ってしまい、せっかく裁判員制度を導入した意味がなくなるケースもあるかもしれません。実際に、裁判員が参加した裁判は、従来よりも判決が重くなっているケースが多いことも指摘されています。

このような問題点に加えて、今後も新たな問題が浮かび上がってくることが予想されます。そうしたさまざまな問題点と賛成・反対の両方の意見を踏まえたうえで、裁判員制度を続けていく意味があるのかどうか、私たち一人ひとりがよく考えるべき問題です。

賛成の意見例

・これまでの裁判は、専門家しかわからない用語や論理が通用したり、一般市民の感覚とくらべて判決が重すぎたり、軽すぎたりするなど、市民感覚とのずれが目立っていた。そのため、司法への信頼が薄れていた。裁判員制度によって、裁判に一般人の感覚を反映させることで、普通の市民にも納得できる裁判が可能になり、司法への信頼を取り戻すことができる。

・裁判を専門の裁判官や検察官だけにまかせておくと、裁判官や検察官が自分たちの利益やメンツを守るために、裁判を利用するようなことも起こりかねない。そうしたことをさせないために、一般の市民が裁判に参加して、裁判の風通しをよくすることが大切だ。

・普通に生活しているかぎり、裁判とは何か、法によって人権がどのように守られているか、なかなか理解できない。一般人も裁判に参加できるようになれば、法や人権に対する関心や意識が高まり、私たち一人ひとりが社会の仕組みや問題をもっと深く考えるようになる。そうして、より成熟した市民社会になる。

反対の意見例

・裁判は、ひとりの人間の運命を決するものだ。熟練した法律の専門家が責任をもって判断を下してこそ、関係者や国民の信頼が得られる。それを法律の素人にまかせると、かえって国民の裁判への信頼を損なうおそれがある。

・一般の市民は、被害者やマスメディアの声に流されやすい。そのため、客観的に判断できず、感情的になって、被告に不利な判決が増えるおそれがある。そうなると、法律にもとづいた公平な裁判ができなくなる。

・市民は法律のプロではないので、複雑な裁判の仕組みが理解できない。そのため、実際には裁判官が審理を誘導して、自分の考え方を押しつけるおそれがある。

・裁判員に選ばれると、やむを得ない理由がないかぎり、辞退することは許されない。その間、裁判員に選ばれた人は仕事ができないなど、自由を奪われてしまう。これは、個人の自由の侵害につながるおそれがある。

賛成の解答例

二〇〇九年度から、裁判員制度が実施されて、大きな話題になっている。はたして、裁判員制度を導入したことは正しいのだろうか。

確かに、法律のプロではない一般市民が裁判員になっても、どれほど積極的に裁判に参加できるかはわからない。実際には、プロである裁判官が審理を仕切って、自分の考え方を押し通す可能性もあるだろう。それでは、せっかく裁判員制度をつくっても、市民が参加する意味がないことになってしまう。しかし、そうしたおそれがあるとしても、裁判員制度を導入した意義は大きい。

私たちは、普通に生活しているかぎり、裁判とは何か、法によって人権がどのように守られているかを理解する機会がない。法や人権が私たちにとってどんなに大切なものかも、なかなか実感できない。裁判員制度によって、私たち一般人も裁判に参加できるようになれば、いやでも法や人権に対する関心や意識が高まる。また、自分たちが法や人権を成り立たせている社会の一員である自覚も強くなる。その結果、私たち一人ひとりが社会の一員として、自分を取り巻く社会の仕組みや問題を、もっと深く考えるようになるはずだ。

したがって、私は裁判員制度に賛成である。いろいろな問題点はあっても、この制度はこれからも続けるべきだと思う。

反対の解答例

二〇〇九年度から裁判員制度が実施されているが、その是非をめぐって、いまだにいろいろな意見がある。はたして、裁判員制度をこのまま続けるべきだろうか。

確かに、一般人が裁判に参加することで、複雑で理解しにくい裁判が国民に身近なものになってきたかもしれない。判決の内容が一般人の感覚とずれているという批判も少なくなるかもしれない。また、法や人権に対する国民の関心や意識が高まるという効果もあると考えられる。しかし、それ以前に、この制度には大きな問題点がある。

裁判は、多くの関係者の生活や人生にかかわるものだ。とくに、有罪の場合、被告人の運命を決するものになりかねない。専門的な訓練を受け、資格をもつ法律家が責任をもって判断を下してこそ、関係者もその判断に納得し、国民も司法に信頼を寄せることができる。それに対して、法律の素人である一般市民は、被害者やマスコミの声に影響されて、客観的に判断できないかもしれない。そのため、その判決が本当に正しかったのかどうか、納得できない人もあらわれるだろう。こうなると、裁判員制度によって、かえって裁判に対する国民の信頼が失われてしまうおそれがある。

以上の理由で、私は裁判員制度をこのまま続けるべきではなく、廃止するほうがよいと考える。

法・人権についての基礎知識

法律はなぜ必要か？

私たちはふだん、面倒に思いながらも法律を守って暮らしています。

もし法律が社会にないと、一部の権力者が好きなように政治を動かし、社会を支配するかもしれません。そのため、権力者が好き勝手をできないように、何らかのルールをつくり、誰もがそれに従うような取り決めが必要になります。

憲法は、もともと権力者の独裁から一般の市民の権利を守るためのものです。つまり、

ここが使える

法律を守ることが、**民主主義社会を支える根本**なのです。その意味では、民主主義の国家は、何よりもまず法治国家である必要があります。

ここが使える

ただし**法律が、特定の価値観や一部の集団の利益を守るためのものであってはいけません**。異なる価値観の持ち主や利害の異なる人たちが、社会の中でうまく共存していくためのルールであるべきです。

考え方の異なる人たちが、ひとつの社会の中でできるだけ公平に暮らすために、話し

合って合意を決めていく、それが民主主義社会における法律のあり方です。

法律の専門家と裁判員制度、それぞれの役割

しかし、実際に法律を運用するのは、そう簡単なことではありません。

法律は、利害の異なる人の合意を得るために、どうしても抽象的・一般的な表現になりがちですが、現実に起こることはそのたびに違います。また、社会の価値観自体も、時代とともに変化します。

ここが使える

そのため**法律を、現実の出来事にうまく当てはめて解釈する専門家が必要になります。それが、裁判官や検事、弁護士**です。

ただ、そうした専門家はエリート教育によって育成されるので、法の解釈が固定化してしまい、現実の社会変化に対応できず、市民感覚とずれていく傾向があります。そこで、

ここが使える

法律を健全に機能させるには、法律の解釈にその時々の市民感覚が反映されるような仕組みが必要と言えます。

「課題の解説」で説明したように、裁判員制度には、裁判に市民感覚を反映させる目的があります。裁判員制度が軌道に乗れば、法律がもっと市民の現実感覚に即して適用され

るようになることが期待されます。

個人の権利と公共の福祉

私たちは民主主義社会に生きているので、個人の権利が尊重され、何かの事情でその権利が侵害されれば、法律で人権は守られるのが当然と思っています。ただ、時には、社会の利益のために、個人の権利の一部を放棄しなければならないこともあります。

罪を犯して他人の権利を侵害すれば当然ですが、それ以外にも、ダムや道路を建設するために、住んでいた土地から立ち退きを求められることもあります。このように、**公共の福祉が優先されて、一部の人の権利が犠牲にされることは決して少なくない**のが現実です。

ただし、公共の福祉のためだからといって、特定の人や集団の権利を一方的に奪うことがあってはいけません。**最終的に社会全体の利益を優先するにしても、できるだけ理性的に説得し、犠牲にされる人の権利に配慮することが必要**です。

「表現の自由」は大切だが、どこまで認めるべきか？

人権をめぐる問題で最も話題になることが多いのは、「表現の自由」をどこまで認めるかという問題です。たとえば、有名人のプライバシーが週刊誌などで暴かれることがありますが、その際、メディアの側は「表現の自由」を理由に、それを正当化しようとします。

ここが使える

確かに、**「表現の自由」は民主主義に不可欠な人権のひとつ**です。国民が自分の考えや意見を自由に表現できないようでは、公平な議論ができず、民主主義社会が成り立ちません。

しかし、それが特定の個人のプライバシー侵害や人格攻撃につながる場合、「表現の自由」をどこまで認めるべきかを判断するのは難しい問題です。テレビや新聞などのマスメディアが「表現の自由」を理由に恣意《しい》的な報道をするようになると、マスメディア自体が社会を動かす権力になってしまうおそれもあるからです。

また、ポルノグラフィーや反社会的な内容の芸術表現が、公共の福祉に反するとして、規制の対象になることも少なくありません。このことからも、**「表現の自由」をどこまで認めるかは、あくまで個別のケースに即して慎重に考える必要がある**と言えます。

ここが使える

差別をなくしていくために必要なこと

差別はよくないことは、誰でも知っています。しかし、それでも、差別は世の中からなかなかなくなりません。

日本でも、女性、身体や精神に障害をもつ人たち、定住外国人などが、時によってはいまだに差別を受けることがあります。いったい、なぜなのでしょうか。

ここが使える

簡単に言えば、**人間は集団をつくって結束を強めるために、仲間はずれを必要とする**からです。たとえば、外国人を差別することで、日本人の結束を強めようとします。学校や会社の中でも、特定の人を仲間はずれにして、みんなでその人の悪口を言うことで、仲間意識を高めようとするのは、よくあることです。

ここが使える

そして、最も問題なのは、**私たちは意識しないで差別することが多い**ということです。障害者だからといって特別扱いしたり、アイヌ民族の存在を無視して「日本は単一民族だ」と言ったりするのも、無意識の差別意識のあらわれと言えるでしょう。

ここが使える

しかし、だからといって、民主主義社会においては差別を認めることは許されません。**差別をできるだけ減らすには、法律などで差別される人々の権利を現実的に守ったうえで、教育によって一人ひとりの人権意識を高めていくしかない**でしょう。

女性差別はまだまだ残っている

女性差別をなくす法律は、かなり整備されてきました。そのため、かつての社会にくらべて、女性差別は少なくなったと言われています。

ただし、実態としては、女性差別はまだまだ根深く残っています。とくに日本は、現在でも、女性が重要な仕事をまかされる機会は男性にくらべて少なく、先進国の中では飛び抜けて女性の地位が低い国と見なされています。

ここが使える

しかし、**今後少子高齢化が進むと、労働力不足が深刻になるので、女性の社会進出をもっと進める必要がある**と言われています。

女性差別の根本には、「男性は外で仕事をして、女性は家で家事や育児をするべきだ」という根強い考え方があります。「女性は結婚・出産をすると、すぐに仕事をやめる」からと、企業は女性に責任のある仕事をまかせず、結果的に、女性の社会進出が進まない悪循環があります。そのうえ、男女共働きの家庭であっても、家事や育児の責任は女性に押しつけられることが少なくありません。

ここが使える

男女平等を実現するには、一方では「男は仕事、女は家事」という男女の役割分担の意識をなくし、他方では、結婚して子どもができても女性が仕事を続けられる環境を整える必要があるでしょう。

推薦図書

田村理『僕らの憲法学』ちくまプリマー新書

憲法とは何か、私たちは国とどうかかわるべきか、ということを語りかけるように説いた本です。

映画『それでもボクはやってない』の主人公は、やってもいない痴漢の罪に問われて裁判を受けるはめになります。そんな映画のストーリー展開を追いながら、私たちの人権と国家との関係、そしてそこに憲法がどうかかわっているのかなど、考えるポイントが具体的に示されています。

憲法第9条の改正論についても、1章を割いて論じています。憲法をどう考えるかは、法や人権の問題とも大きくかかわるテーマなので、ぜひとも自分なりに考えを整理しておきたいところです。

鎌田慧 編著『人権読本』岩波ジュニア新書

人権が大切なのはわかっていても、自分の人権が侵されたり、逆に自分が他人の人権を侵したりする可能性を、想像したことのある人はほとんどいないはずです。

いまの日本で、人権はどうなっているのか、人権は本当に守られているのか――この本では、現代社会におけるいくつかの人権問題を具体的に取り上げて、15の章に分けてレポートしています。子ども、高齢者、ハンセン病患者、外国人など、さまざまな人たちに対する差別や人権侵害の実態とその問題点が浮かび上がってきます。

この本を通して、人権というテーマへの理解を深めて、何が問題なのかを理解しておくといいでしょう。

10 現代社会

現代社会というテーマは、いまの日本社会が抱えるさまざまな問題のことを指していると考えてください。

このテーマは、どの学部・学科でも出題される可能性があります。だから、志望している学部・学科に関係なく、受験生なら必ず知っておいたほうがいいテーマです。

現代社会はめまぐるしく変化し、それにともない、いろいろな問題が新たに出てきています。たとえば、「ワーキング・プア」や「派遣切り」といった言葉に象徴される、格差の問題もそのひとつです。

こうした問題は、いまの若者にも直接かかわってくる問題なので、志望する学部・学科に関係なく、自分なりの考えをもっておくといいでしょう。

課題

近年、日本の社会では、以前とくらべて、近所づきあいが少なくなったと言われています。とくに都市部のマンションなどでは、隣にどんな人が住んでいるのかも知らないまま暮らしていることが珍しくありません。こうした現状について、あなたはどう考えますか。（600字以内でまとめてください）

課題の解説

日本は、地縁を重視する社会だと言われます。

地縁とは、同じ地域に住んでいる人同士のつながりのことで、日本人は昔から血縁よりも、地縁を大事にして暮らしてきました。隣近所の人たちとのつきあいを大切にし、お互いに助け合いながら生活してきたのです。

こうした隣近所のつきあいを、もう少し広げていくと、地域社会というものになります。地域社会は、「地域共同体」（地域コミュニティ）ともいいます。その地域に住む人たちが参加している小さな社会のことで、町内会や自治会などが中心になります。

日本では昔から、この地域共同体ごとにまとまって、お祭りを行ったり、子ども会をつくって地域の子どものための活動を行ったりしてきました。

しかし、地域共同体は、日本のあちこちで成り立たなくなってきています。

いまは昔と違い、ひとつの地域に一生住みつづけることが少なくなり、進学や就職や転勤などで、あちこち転居することが多くなりました。そのため、どうしても地域の人たちのつながりが薄くなってしまっています。

また、地方では、若者がどんどん大都市に出ていってしまい、町内会や自治会の活動をするのは高齢者ばかりになっています。そのため、人手が足りずに、お祭りなどが行えないところもあるほどです。一方、都市部では、マンションやアパートに住む人が多く、町内会や自治会には入らない人が少なくありません。そのため、昔からその地域に住んでいる人たちと対立が起きるところさえあるほどです。

このように、いまの日本社会では、近所づきあいが少なくなり、地域共同体がどんどん壊れてきているわけです。

しかし、近所づきあいが少なくなると、地域の中で孤立する住民が出てきてしまいます。実際に、独り暮らしの老人の孤独死などが問題になっています。また、家族が孤立すると、家庭内暴力や虐待などの問題が、なかなか外に知られなくなります。日本人は、近所づきあいを通じて社会性を身につけてきた面もあり、地域社会が壊れると、社会性を身につける機会も少なくなります。

ただし、現在の社会では、自分の住む地域でのつながり以外に、学校や会社でのつながり、それにインターネット上のつながりもあります。だから、近所の人たちとのつきあいは、昔ほど重視しなくてもよくなっている、と言われることもあります。

こうしたことを踏まえて、近所づきあいが少なくなっていることへの賛成・反対の理由を考えていくと、鋭い論になるはずです。

賛成の意見例

・近所づきあいがさかんだと、まわりの雰囲気にあわせてしまい、自由に行動できなくなる。日本はもともと集団の和を重視するので、近所づきあいを避けると村八分にされ、地域社会からのけ者にされることもあった。地域社会が壊れたのは、個人が集団に縛られずに自由に行動できるようになったあらわれであり、決して悪いことではない。

・いまの時代、人々は地域の中だけで生活しているわけではない。住んでいる地域以外でも、学校や職場、趣味サークルなどで、さまざまな人とつながることができる。また、インターネットを使えば、世界中の人とつながることもできる。だから、いまはもう近所づきあいは、以前ほど大切なことではなくなっている。

・いまの時代、とくに都市部では、隣近所に信用のおける人が住んでいるかどうかがわかりにくい。だから、どうしてもプライバシーを守る必要がある。また、近所づきあいをしようとして、相手のプライバシーに踏み込もうとすると、トラブルになることもある。近所づきあいよりも、プライバシーを守ることのほうが重要になってきている。

反対の意見例

・近所づきあいが少なくなると、地域の中での助け合いもなくなってしまう。たとえば、近所に独り暮らしの老人がいても、近所の人たちは誰も関心をもたなくなってしまう。高齢者が多くなる中、地域ぐるみで老人の手助けをしないといけないはずだ。それなのに、近所づきあいが少なくなると、老人の孤独死が多くなってしまうかもしれない。

・以前は、地域ぐるみで子どもを育てようとしていた。どの地域にも子ども会があり、地域の子どもたちは、そこで近所の大人や年齢の違う子どもと知り合い、さまざまなことを学ぶことができた。しかし、いまは近所づきあいが少なくなっているので、子どもと地域とのつながりも薄くなっている。これでは、近所の子ども同士で遊ぶことすら少なくなり、社会性のない子どもが増えてしまう。

・近所づきあいが少なくなることは、防犯上、好ましくない。近所づきあいがあり、住民が互いに隣近所の様子にいつも目配りをしている地域では、不審者に気づきやすく、空き巣にも入られにくい。

賛成の解答例

近年、日本の社会では、以前より近所づきあいが少なくなっていると言われている。では、近所づきあいをもっと大切にすべきなのだろうか。

確かに、近所づきあいが少なくなることには問題もある。たとえば、近所に独り暮らしの老人がいても、誰も関心をもたなくなり、老人の孤独死が多くなるかもしれない。また、住民が互いに隣近所の様子にいつも目配りをしている地域では、不審者に気づきやすく、空き巣にも入られにくいなど、防犯上のメリットも大きい。しかし、近所づきあいが少なくなることは必ずしも悪いとは言えないはずだ。

いまの時代、人々は自分の住んでいる地域の中だけで生活しているわけではない。交通手段や通信手段の発達により、生活の範囲は昔にくらべて、ずっと広くなっている。そして、人間同士のつながりも、より広くなっている。住んでいる地域以外でも、学校や職場、ボランティア活動や趣味サークルなどを通じて、さまざまな人とつながっている。そのうえ、インターネットを使えば、日本中、世界中の人とつながることもできる。このように、人々のつながりが広がっているため、近所づきあいは以前ほど大切なことではなくなっているのだ。

したがって、近所づきあいをもっと大切にすべきだとは、必ずしも言えないと考える。

反対の解答例

近年、日本の社会では、以前より近所づきあいが少なくなっていると言われている。では、近所づきあいをもっと大切にすべきなのだろうか。

確かに、近所づきあいが少なくなるのは、いまの時代、当然だとも言える。昔のように、人々は自分の住む地域の中だけで生活しているのではない。交通手段の発達によって生活範囲も大きくなり、パソコンや携帯電話の普及によって人と人のつながりも広がっている。だから、その分、隣近所とのつながりが薄くなっているのは、ある意味で当然だろう。しかし、近所づきあいを軽く見るべきではない。

以前は、地域ぐるみで子どもを育てようとしていた。どの地域にも子ども会があり、地域の子どもたちはそこで近所の大人や年齢の違う子どもと知り合い、さまざまなことを学ぶことができた。しかし、いまは近所づきあいが少なくなっているので、子どもと地域とのつながりも薄くなっている。これでは、近所の子ども同士で遊ぶことすら少なくなり、社会性のない子どもが増えてしまう。また防犯の面からも、住民の目配りが届かない地域では、不審者に気づきにくく、空き巣にも入られやすい。いまは独り暮らしの老人が増えており、孤独死が増えているといった問題も無視できない。

したがって、近所づきあいは現代においても、もっと大切にすべきだと私は考える。

現代社会についての基礎知識

ここが使える

格差が拡大している日本社会

いまの日本社会は、格差が大きくなっていると言われています。

格差とは、基本的には、私たちの収入の差のことです。その差が広がるだけでなく、「ワーキング・プア」や「ネットカフェ難民」など、いくら働いても収入が低くて人並みの生活ができない人たちの存在も、いま問題になっています。

かつて日本は「一億総中流社会」と言われ、誰もが中流と思えるくらいの生活ができました。高校や大学を出て就職すれば、結婚して、家庭をもち、子どもを育てることが、誰でも当たり前のようにできた時代でした。

ところが、世界がグローバル化し、海外の企業と激しい競争をするようになると、日本の企業はできるだけ経費を節約しようとするようになりました。そして、正社員を減らし、人件費を減らすようになりました。そのためリストラで仕事を失う人や、なかなか正社員にはなれず、フリーターや派遣社員として働く人たちが増えたのです。

また、少し前まではどの企業も、一度就職すれば基本的にはクビにならない「終身雇用制度」や、年齢に応じて給料が上がる「年功序列制度」を採用していました。そのおかげで、安心して働くことができ、家を買い、子どもを育てることもできたのです。

しかし、景気が悪くなると、多くの企業が終身雇用や年功序列を維持できなくなり、その代わりに、アメリカ式の成果主義や能力主義を導入するところが増えました。

その結果、能力の高い人や仕事で成果を上げた人は高い給料がもらえる一方で、そうでない人は、給料も上がらず、リストラにおびえるようにさえなりました。

ここが使える

収入の差が、年功序列や終身雇用の崩壊で、どんどん広がるようになったのです。

それに加えて、正社員以外のフリーターや派遣社員の人たちにも、景気が悪くなるとすぐにクビを切られる「派遣切り」などの問題も起こっています。

ここが使える

いまの日本のさまざまな問題は、この格差社会の現実がもたらしている面が大きいと言えます。その点をよく考える必要があります。

格差は世代を超えて子どもにも及ぶ

日本は、子どもを育てるのに、とてもお金のかかる国です。塾や予備校に通わないと、よい学校に行けないと信じられているので、親は高校や大学の学費だけでなく、塾や予備校に通わせる費用も出さなくてはいけません。

ここが使える

つまり、**日本では、親が負担する教育費が高すぎるので、収入の多い家庭の子どもは高い教育を受けられるが、収入の少ない家庭の子どもは難しいという現実がある**のです。

このままでは、お金持ちの親の子どもは学歴が高くて高収入の職業につける一方で、貧しい親の子どもは学歴が低くて収入の低い職業にしかつけなくなるといった傾向が、ますます強くなります。つまり、**世代をまたいで格差が固定化してしまう**のです。

ここが使える

親の収入に関係なく、子どもの努力次第で、高い教育が受けられるようにすべきです。そうでなくては、公平な社会とは言えません。

社会の中にも、家庭の中にも、居場所がなくなった

ここが使える

以前は、社会の中で、誰もが自分の居場所を見つけることができた時代でした。

学校の勉強ができずに落ちこぼれたとしても、いずれは地元の中小企業が雇ってくれて一人前の職人に育ててくれたりしました。**地域社会が受け皿になっていた**わけです。また、企業に就職すれば、会社という家族の一員として扱われ、定年退職するまで勤められ

ここが使える

たので、安心して働くことができました。

しかし、いまはかなり違ってきています。

ここが使える

学校で落ちこぼれると、まともに就職できる可能性は低くなります。**地域社会には、受け皿になるだけの余裕がもうない**からです。就職しても、常に成果を出すことが求められ、もし大きな失敗をしたらクビになるかもしれません。だから、アットホームな雰囲気が職場からなくなり、ぎすぎすした人間関係の中でストレスを抱える人も増えています。

ここが使える

そのうえ、家庭も、ストレスをいやす場ではなくなりつつあります。**家族一人ひとりの生活パターンがばらばらになり、家族団欒《だんらん》が家庭から消えつつある**のです。

このような社会の変質により、人間同士のつながりも弱くなっています。

いまは、誰もが社会の中で孤立してしまう危険性があります。人間が孤立してしまうと、ひきこもりになったり、自分を無価値な人間と思って自殺したり、あるいは社会を恨んで無差別殺人に走るなど、さまざまな問題を引き起こす原因になります。

ここが使える

人間の個人化が進んでいる

つまり、**現代社会では、人々は家族やその他の集団とのきずなを失いつつある**のです。

そして、個人としてのみ生きるようになっています。それを「個人化」といいます。**格差が大きくなるにつれ、個人化はさらに進んでいます。人々は自分のことしか考えなくなり、他人への気づかいや思いやりをもてなくなっている**のです。

ここが使える

人は、家族や学校や会社といった集団に属し、その中で信頼し合える人間関係をつくることで、社会の一員という自覚をもつものです。

それが、いまは集団の中の人間関係がくずれつつあるため、社会の中で心のつながりを失い、利己的になってしまっているのです。

みんなが共有する価値観の喪失

ここが使える

それと同時に、**現代の日本人は、確かな価値観がもてなくなっています**。

戦前であれば、「お国のために尽くす」というのが、よい意味でも悪い意味でも、共通した価値観でした。戦争に負けたあとも、「豊かな国をめざして経済を発展させよう」「努力して豊かな生活を手に入れよう」という共通認識が、日本人の中にありました。

しかし、いまの若い世代は生まれたときから、物があふれる豊かな生活環境の中で育ってきています。そのため、必死に勉強していい大学に入り、いい会社に就職して出世し、豊かな生活を送りたいというのが、生きるうえでの強い動機ではなくなっています。つまり、**いまの日本人は、生きるための確かな価値観をなくしている**のです。

ここが使える

そうした中、子どもも大人も、学校や会社で時間に追われてストレスを抱え込み、物には恵まれているものの、自分は幸せとは感じられなくなっています。

格差社会は、競争による勝ち負けが、いままで以上にはっきり分かれる社会です。そのため、いくら努力しても、競争に負けてしまうと、なかなか幸せとは感じられません。

そして、自信をなくし、心が折れそうになっている人がたくさんいます。うつ病などの心のトラブルを抱える人が増えているのが、その証拠です。

ここが使える

日本人は、**もっと互いに支え合うような社会をつくり直すべき**です。そうでなければ、誰も幸せとは感じられない、不幸な社会になってしまうかもしれません。

推薦図書

森真一『ほんとはこわい「やさしさ社会」』ちくまプリマー新書

著者はいまの日本社会を「やさしさ社会」と捉え、やさしさを最優先する社会のおそろしさを解説しています。

著者によれば、現代では相手を傷つけない、または相手に傷つけられない「予防的やさしさ」が重視されます。そのため、仲間内では「キャラ」的な人間関係を守ってお互いの優劣をつけず、他人にできるだけ干渉しません。そのため、少しでも傷つけられると激しくキレたり、仲間外の人たちにはかえって攻撃的になる傾向があるといいます。

現代社会の人間関係のあり方について考えるうえでは、とても参考になる1冊です。大学で社会学や心理学を学ぼうという人は、ぜひ読んでおくといいでしょう。

山脇直司『社会とどうかかわるか——公共哲学からのヒント』岩波ジュニア新書

数年ほど前から、公共哲学が少しだけ流行《はや》っていますが、この本は、その公共哲学の要点を中高生向けにわかりやすく解説した入門書と言えます。自分と他人、自分と社会とのかかわり方はどうあるべきかという本質的な問題について、著者なりの問題提起を示そうとしています。

公共性というテーマは、現代社会を考えるうえで、避けては通れない問題です。現代社会について深く考えたい人には、おすすめの1冊です。

【著者紹介】

樋口裕一（ひぐち　ゆういち）

1951年大分県生まれ。早稲田大学第一文学部卒業。多摩大学名誉教授。小学生から社会人までを対象にした通信添削による作文・小論文の専門塾「白藍塾」塾長。

著書に250万部のベストセラーになった『頭がいい人、悪い人の話し方』（PHP新書）のほか、『小論文これだけ！』（東洋経済新報社）、『読むだけ小論文』（学研）、『ぶっつけ小論文』（文英堂）、『ホンモノの文章力』（集英社新書）、『人の心を動かす文章術』（草思社）、『音楽で人は輝く』（集英社新書）、『凡人のためのあっぱれな最期』（幻冬舎新書）など多数。

〈白藍塾問い合わせ先＆資料請求先〉
〒161-0033
東京都新宿区下落合1-5-18-208
白藍塾総合情報室（03-3369-1179）
https://hakuranjuku.co.jp
お電話での資料のお求めは
0120-890-195

小論文これだけ！超基礎編

2010年8月12日　第1刷発行
2025年7月18日　第13刷発行

著　者――樋口裕一
発行者――山田徹也
発行所――東洋経済新報社
〒103-8345　東京都中央区日本橋本石町 1-2-1
電話＝東洋経済コールセンター　03(6386)1040
https://toyokeizai.net/

装　丁…………豊島昭市〔テンフォーティ〕
ＤＴＰ…………アイランドコレクション
印　刷…………港北メディアサービス
製　本…………大口製本印刷
編集担当………中里有吾

　Printed in Japan　ISBN 978-4-492-04385-1